Gottfried Zurbrügg

Von Herzen

Gottfried Zurbrügg

Von Herzen

Predigten aus dem Alltag und in das Leben

Fromm Verlag

Impressum / Imprint
Bibliografische Information der Deutschen Nationalbibliothek: Die Deutsche Nationalbibliothek verzeichnet diese Publikation in der Deutschen Nationalbibliografie; detaillierte bibliografische Daten sind im Internet über http://dnb.d-nb.de abrufbar.

Bibliographic information published by the Deutsche Nationalbibliothek: The Deutsche Nationalbibliothek lists this publication in the Deutsche Nationalbibliografie; detailed bibliographic data are available in the Internet at http://dnb.d-nb.de.

Verlag / Publisher:
Fromm Verlag
ist ein Imprint der / is a trademark of
OmniScriptum GmbH & Co. KG
Heinrich-Böcking-Str. 6-8, 66121 Saarbrücken, Deutschland / Germany
Email: info@frommverlag.de

Herstellung: siehe letzte Seite /
Printed at: see last page
ISBN: 978-3-8416-0402-6

Inhaltsverzeichnis:

Von Herzen

So habe ich die Sammlung meiner Predigten genannt und das hat seinen Grund. „Von Herzen“ schrieb meine Großmutter als Gruß unter ihre Briefe. Sie wählte ganz bewusst diese Worte, denn es ging ihr gar nicht nur um Grüße oder eine Redewendung, sondern sie wollte damit deutlich aussprechen, das, was ich geschrieben habe, mag nicht gut formuliert sein oder ungeschickt ausgesprochen, aber ich meine es ernst. Das sind meine Wünsche und meine Empfindungen. Ich schreibe euch, was ich erlebt habe, was mich gefreut oder traurig gemacht hat, denn ich schreibe, damit ihr an meinem Leben teilhaben könnt. Ich möchte euch in meine Gedanken schauen lassen und auch in mein Herz, das Vieles viel besser versteht als der Verstand.

Meine Großmutter war ein Frau mit viel Herz und ich habe sehr viel von ihr gelernt.

Mein Vater war Pfarrer wie schon sein Vater und viele seiner Verwandten. Als ich mein Studium begann, spürte ich den Ruf nicht und studierte Chemie und Biologie, denn die Schönheit der Schöpfung interessierte mich. Ich wurde Reallehrer und habe viele Jahrzehnte lang mit großer Begeisterung meinen Schülern die Natur nahegebracht. Mit ganzem Herzen war ich Lehrer und konnte mir ein Leben ohne Schule gar nicht vorstellen.

Eines Tages wurde ich gefragt, ob ich bereit wäre, ein Jahr lang in einer Sonderschule für Körperbehinderte zu unterrichten. Mich reizte die Herausforderung und ich sagte zu. Auf die neue Aufgabe wollte ich mich vorbereiten und fragte bei der Schulleitung , leider vergeblich, um Hilfen zur Vorbereitung. Ich wurde sozusagen ins „kalte Wasser geworfen“. Das war nun wirklich nicht einfach, denn ich begegnete Menschen, die ich nicht verstand und deren Behinderungen mir fremd waren. So wurde ich zunächst der Lernende und nicht der Unterrichtende. Nach und nach lernte ich den Menschen zu sehen und Behinderungen zu verstehen. Ein Schüler namens Jens war schwerstbehindert, aber er sagte mutig: „Wir sind nicht anders als Sie. Wir können nur manches nicht selbst. Dann brauchen wir Hilfe."

Er plante, später einmal in ein Heim zu gehen, wo man ihn genau so verstehen und behandeln würde. So lernte ich über Behinderungen hinwegzusehen und den Menschen zu akzeptieren und zu verstehen.

Ein Mädchen namens Stefanie hat mir auch sehr geholfen. Ich war ja gewohnt, vor einer großen Klasse zu stehen und redete entsprechend laut. Nun hatte ich nur noch fünf, aber eben schwerbehinderte Schüler. Natürlich sprach ich viel zu laut. Sie sagte: „Sie müssen leiser reden, damit ich Sie verstehen kann. Ich möchte nicht nur Ihre Worte hören, ich möchte hören, was Sie wirklich sagen wollen. Das kann man aber nur, wenn Sie leise sprechen." Ich lernte, leiser zu sprechen und in meine Worte mehr Empfindungen hineinzulegen, und Manches ließ sich sogar viel besser ohne Worte sagen. Ein Schüler, der blind und Spastiker war, bat mich immer wieder, ihn in den Arm zu nehmen, damit er mich und sich spüren könne.

Das Jahr in der Sonderschule war eine harte Schule für mich, aber heute bin ich sehr dankbar dafür, dass ich diese Erfahrungen machen durfte.

Als ich danach wieder in eine Realschule versetzt wurde, sprach mich unser Gemeindepfarrer an, ob ich nicht die Ausbildung zum Prädikanten machen wolle. Ich verstand das als „Ruf" und willigte ein.

Nun bin ich seit vielen Jahren Prädikant und die Bibel ist mir sehr kostbar geworden. So viele Lebensfragen werden durch die Schrift beantwortet und ich finde in Gottes Wort Rat und Hilfe. Nein, ich bin kein Theologe und fühle mich auch zu keiner „Schule" hingezogen. Ein Professor riet mir einmal: „Setzen Sie niemals einen Hut auf, bleiben Sie einfach nur Mensch. Das ist Ihre besondere Stärke."

Ich habe mir diesen Rat sehr zu Herzen genommen. Deshalb studiere ich viel, lese viel, beschäftige mich mit unterschiedlichsten theologischen Arbeiten, aber

mir ist die persönliche Begegnung mit der Schrift außerordentlich wichtig. „Was willst du mir heute sagen?“, fragte mein Großvater, wenn er morgens die Schrift aufschlug. Irgendein Wort sprach ihn dann besonders an und war seine persönliche „Losung“ für den Tag.
Ich lasse mich von den Predigtexten ansprechen und denke oft an Stefanie, die meinte: „Man sieht nur mit dem Herzen gut, das Wesentlicher ist dem Auge unsichtbar.“ Es ist das Dichterwort von Saint Exupery, das sie lebte. Sie verstand die Menschen, die sich ihr zuwandten und sie konnte trösten und vor allem auch Liebe geben.
So möchte ich auch meine Texte verstanden wissen:
Sie sollen unterhalten,
aber auch trösten und stärken
neue Gedanken zulassen
und zu Herzen gehen.

„Geben Sie uns neue Gedanken“, baten die Mitglieder in den Gemeinden, die ich im Auftrag besucht habe, und das möchte ich mit diesem Buch tun.
Ich möchte neue Gedanken geben, die vielleicht Türen öffnen, die lange verschlossen waren.
Das wäre mein Wunsch „von Herzen“.

Zell a.H.

Die Speisung der Fünftausend

Luk.9 V. 10 – 17

Und die Apostel kamen zurück und erzählten Jesus, wie große Dinge sie getan hatten. Und er nahm sie zu sich und er zog mit ihnen allein in die Stadt, die da heißt Bethsaida. Als die Menge das merkte, zog sie ihm nach.

Und er ließ sie zu sich und sprach zu ihnen vom Reich Gottes und machte gesund, die der Heilung bedurften. Aber der Tag fing an, sich zu neigen.

Da traten die Zwölf zu ihm und sprachen: Lass das Volk gehen, damit sie hingehen in die Dörfer und Höfe ringsum und Herberge und Essen finden, denn wir sind hier in der Wüste. Er aber sprach zu ihnen: Gebt ihnen zu essen. Sie sprachen: Wir haben nicht mehr als fünf Brote und zwei Fische, es sei denn, dass wir hingehen und für all diese Leute Essen kaufen. Denn es waren etwa fünftausend Mann. Er sprach zu seinen Jüngern: Lasst sie sich setzen in Gruppen zu je fünfzig. Und sie taten das und ließen alle sich setzen.

Da nahm er die fünf Brote und zwei Fische und sah auf zum Himmel und dankte, brach sie und gab sie den Jüngern, damit sie dem Volk austeilten. Und sie aßen und wurden alle satt; und es wurde aufgesammelt, was sie an Brocken übrig ließen, zwölf Körbe voll.

Die Evangelien enthalten Berichte, die zu theologischen Aussagen verdichtet sind. Die Speisung der Fünftausend gehört dazu. Dabei hätte ich so viele Fragen an diesen Text:

Wie ist das, wenn so viele Menschen zusammenkommen? Das muss doch sehr schwierig sein. Wie kann man eine so große Menschenmenge versorgen? Was hat Jesus getan, nachdem er die Brote und Fische seinen Jüngern gegeben hatte? Was haben die Jünger getan? Wie war die Atmosphäre?

Was haben die Menschen empfunden?

Darüber berichten die Evangelien nichts, denn ihnen geht es um das Zeugnis für die Göttlichkeit Jesu. Jesus kann mit wenig Brot auch fünftausend Menschen

satt machen, denn er ist allmächtig und wie Gott einst das Volk Israel in der Wüste mit Manna speisen konnte, so kann auch Jesus dem Volk in der Wüste, wo es eigentlich nichts gibt, zu essen geben.
Der Bericht ist ein wunderbares Zeugnis für die Göttlichkeit Jesu, trotzdem hätte ich gern mehr über dieses Ereignis gewusst.

Ich habe mir so etwas nie vorstellen können, doch in den letzten Wochen habe ich ein ähnliches Wunder selbst erlebt.
Meine Frau und ich gehen für ungefähr einen Monat im Jahr in die neuen Bundesländer, vor allem nach Brandenburg und Sachsen – Anhalt, um einem Pfarrer oder einer Pfarrerin Urlaub zu ermöglichen. Die Gemeinden sind dort so groß und umfassen bis zu zwanzig weit auseinanderliegende Dörfer, so dass ein Nachbarpfarrer nur schwer eine Vertretung übernehmen kann. Wir gehören zur Zehntgemeinschaft, einer Vereinigung von pensionierten Pfarrern, die den Zehnten der Zeit für den Herrn geben möchte. Wir finden die Idee sehr gut und unterstützen die Gruppe seit zehn Jahren. So haben wir schon an vielen Orten gearbeitet und zuletzt in Sandau an der Elbe. Dort sollten wir einem Pfarrerehepaar die Elternzeit ermöglichen. Wir freuten uns darauf, denn wir waren schon zweimal in dieser Gemeinde und hatten jedes Mal eine segensreiche Zeit dort.
Die Pfarrstelle, in der wir Dienst taten, besteht aus der Stadt Sandau und einigen Dörfern,
Sandau selbst hat 3-4000 Einwohner.
Wie in den neuen Bundesländern üblich, gibt es nur wenige, dafür aber sehr entschiedene Christen. Die Männer und Frauen, die in schwierigen Zeiten zu Jesus Christus gehalten haben, entwickelten eine ganz besondere Beziehung zu ihm. Man ist ganz bewusst Christ. Die Mitglieder der Stadtgemeinde treffen sich einmal in der Woche zu einem Bibelkreis mit Lobpreis und Bibelarbeit. Jesus

Christus ist für diese Menschen sehr nahe, sie kennen seine Kraft und seine Unterstützung und leben aus ihrer Beziehung zu ihm.
Man sagt, Markenzeichen der Gemeinde sind zwei **„G"** : **Gebet** und **Gastfreundschaft**. Besser kann man den Geist dieser Gemeinde nicht beschreiben. Es tut gut, mit solchen Geschwistern zusammen Gottesdienste und Gemeindenachmittage zu feiern.

Aber diesmal kam alles ganz anders.
Vor unserer Abfahrt Ende Mai hörten wir von schweren Regenfällen in Tschechien und Sachsen, auch von dem Hochwasser am Oberlauf der Elbe und der Saale. Im Fernsehen sahen wir die Zerstörungen, die das Wasser anrichtete, aber damals schien alles so weit fort. Es waren Bilder, die betroffen machten, aber nicht mehr, denn wir alle sind ja längst an Nachrichten über Katastrophen gewöhnt.
Als wir in Kamern ankamen, bezogen wir die bereitgestellte Ferienwohnung und übernahmen unseren Dienst. Aber nach einigen Tagen hörten wir, dass sich auch Sandau und der Elbe- Havelwinkel auf Hochwasser vorbereiten müsse.
Schon am nächsten Morgen klopfte es hart an unsere Tür und unser Vermieter forderte uns auf, so schnell wie möglich die Sachen zu packen und auszuziehen. Mehr durch Zufall oder durch eine glückliche Fügung hatten wir am Vorabend den Diakon der Gemeinde in Kamern getroffen und er hatte uns ins ehemalige Pfarrhaus eingeladen, falls das Hochwasser kommen sollte. So waren wir durch wunderbare Fügung vorbereitet und konnten in aller Ruhe umziehen, denn nach Kamern war das Hochwasser noch nie gekommen.
Wir bezogen ein kleines Ferienhaus, das gewöhnlich für Jugendlager genutzt wird. Es war nicht gerade komfortabel, aber immerhin hochwassersicher, wie wir meinten. Abends gingen wir noch am Kamener See, einem alten Flussarm der Elbe, spazieren. Fünf Nachtigallen sangen um die Wette. Es war alles so ruhig und friedlich.

Das Hochwasser kam näher und deshalb mussten überall am Deich Wachen eingeteilt werden.
Sandberge wurden aufgeschüttet und viele Menschen halfen Sandsäcke zu füllen, um die Deiche zu sichern.
Unversehens stand die Stadt Sandau vor dem Problem, die Helfer aus der Stadt, die Feuerwehr, das THW mit Nahrung zu versorgen.
Frauen aus der Gemeinde kamen zusammen und besprachen mit dem Pfarrer, wie man helfen könnte. Im Gemeindehaus gab es nur eine kleine Küche, aber eine Frau war eine erfahrene Köchin. Nach einem langen gemeinsamen Gebet waren sich alle einig, dass man mit Jesu Hilfe die Menschen versorgen könnte. Ich bin ziemlich sicher, dass die Frauen auch an die Speisung der Fünftausend durch Jesus Christus gedacht haben.
Also tat man das, was notwendig war: Die Küche im Gemeindehaus wurde von der Köchin übernommen und sie kochte nun mit einem Frauenteam, Suppen und andere Gerichte. Der Gemeindepfarrer stieg mittags auf den Kirchturm und blies auf seiner Trompete einen Choral. Das war das Signal zu den Versorgungsstationen zu kommen. Dann fuhr er mit seinem Fahrrad das Essen aus. Große Mengen wurden gekocht und alles verlief gut. Man hatte die Sache im Griff.

Wie jeden Morgen war ich im Pfarramt und ziemlich überrascht, so viele Frauen bei der Arbeit zu sehen. Es herrschte ein fröhliches Gedränge. Eifrig wurden Schnitten geschmiert, Brot und Wasser wurde angeliefert. Bäckereien der Umgebung spendeten Brot, andere Läden und viele Privatleute gaben Nahrungsmittel aus ihren Vorräten. Der Pfarrer hätte nicht alle Lebensmittel kaufen können. Das kam mir in den Sinn, als ich in unserem Text las:
Sie sprachen: Wir haben nicht mehr als fünf Brote und zwei Fische, es sei denn dass wir hingehen sollen und essen kaufen für all diese Leute.
Das wäre völlig unmöglich gewesen, aber es war auch nicht nötig.

Die Aufgabe der Versorgung in Sandau ließ Türen aufgehen und Menschen von ihren Vorräten abgeben. Ein ganz neuer Geist lag über der Stadt. Für die Frauen und Männer in der Gemeinde war es der Geist Christi, der Grenzen überwinden ließ und Türen öffnete. Sie fragten nicht, woher die Dinge kamen, sondern nahmen sie in Gottes Namen an und verteilten sie in Gottes Namen.
Viele von ihnen sind bewusste Jünger Jesu Christi und genauso haben sie auch gehandelt. Alle Hände haben geholfen, auch die, welche mit Kirche nichts am Hut hatten. Wir haben uns neben sie gestellt und da geholfen, wo es nötig war.

Das war erst der Anfang.
Die Katastrophe kam völlig unerwartet. Bei Fischbeck brach der Damm und wir mussten unseren Zufluchtsort in Kamern verlassen. Das Hochwasser folgte einem alten Flussbett zur Havel und Kamern lag genau an diesem Elbearm. Überschwemmung drohte. Uns blieb nicht viel Zeit die Sachen zu packen und über die Straße nach Wulkau zu flüchten. Mit Müh und Not erreichten wir in Sandau das Pfarrhaus und wurden dort in einem Gästezimmer untergebracht. Über Sandau flogen nun Hubschrauber mit gewaltigen Sandsäcken zu den Einsatzorten, an den Straßen schippten die Menschen Sandsäcke, Panzer und schwere Maschinen fuhren durch die Straßen. Die umliegenden Dörfer wurden evakuiert und die Menschen nach Havelberg in Notaufnahmelager gebracht. Der Bürgermeister rief zu einer Bürgerversammlung und Hunderte von Menschen standen vor dem Rathaus und hörten eine Schreckensbotschaft nach der anderen. „Wir werden kämpfen! Wir bleiben!“, sagte einer zum anderen und alle waren sich einig, dass sie der Flut trotzen wollten. Sandau nannte sich von da an „Gallien“, nach dem kleinen Dorf bei Asterix, das der römischen Herrschaft trotzt und änderte sein Ortsschild.
Das Problem der Versorgung der vielen, vielen Menschen wuchs. Viele Helfer waren auch aus den alten Bundesländern gekommen, um Seite an Seite mit den Einheimischen gegen die Flut zu kämpfen. Feuerwehren aus allen Ländern der

Bundesrepublik waren da. In Sandau und Umgebung gab es viel mehr Menschen als Einwohner. Aber wie versorgt man solche Massen? Das DRK hat in dieser Notlage mit seinem Versorgungsteam in der ganzen Umgebung Gewaltiges geleistet, aber es reichte nicht aus!

In Sandau half man mit Gebet und Gastfreundschaft.

Wieder wurde um Kraft und Hilfe gebetet und alle spürten Jesu Nähe. Er gab dem Küchenteam die Kraft, die Arbeit zu tun, und er würde dafür sorgen, dass genügend Spenden ankamen, um warmes Essen herstellen zu können.

Und das Wunder geschah! Obwohl nur noch eine Straße zum benachbarten Havelberg an der Elbe frei war, kamen Spenden in Mengen herein. Körbe mit Brot und Esswaren wurden angeliefert. Im Gemeindehaus wurden nun vom frühen Morgen bis tief in die Nacht große Töpfe voller Suppe gekocht und Schnitten geschmiert. Mit dem Gemeindebus und dem Fahrrad wurde ausgeliefert! Die schier unerschöpfliche Kraft und die Umsicht waren erstaunlich. Viele Menschen kamen auch in das Gemeindehaus und wurden dort an den langen Tischen versorgt.

Es war auch ein logistisches Problem, das unser Gemeindepfarrer in Sandau mit den vielen Männern und Frauen gemeistert hat.

Wie speist man so viele Menschen? Man kann nicht einfach von einem zum anderen gehen und ihm ein Stück Brot in die Hand drücken. Vorher muss man eine gewisse Ordnung schaffen.

Lukas berichtet:

Jesus sprach: Lasst sie sich setzen in Gruppen zu fünfzig. Und sie taten das und ließen sich alle setzen.

Mose hat das Problem der Versorgung seines Volkes auf der Wanderschaft ähnlich gelöst. Der heutige Predigttext von Lukas erinnert ganz bewusst daran, wie das Volk Israel in der Wüste durch Manna gespeist wurde. Gott lässt sein

Volk nicht allein. Er versorgt uns, denn er weiß, dass wir Beides brauchen: die geistige Nahrung durch sein Wort und die körperliche Nahrung in Form von Brot.

Modern klingt das so: Es wurden Versorgungsstationen eingerichtet. Und dorthin wurde das fertige Essen gebracht und an die Menschen verteilt. Nach dem Trompetensignal vom Turm waren Autos und unser Pfarrer auf dem Transportrad ständig unterwegs, um die Essensstationen zu beliefern. Dank der guten Organisation bekamen alle genug. Durch die reichlichen Spenden war auch genügend da, um alles vorzubereiten. Ich habe nur noch über die Hilfsbereitschaft der Menschen und den gemeinsamen Einsatz gestaunt. Türen gingen auf, die lange verschlossen waren, und fremde Menschen arbeiteten Hand in Hand. In Sandau wurden 2,5 Millionen Sandsäcke gefüllt. Die Bundeswehr war mit vielen Soldaten im Einsatz. Sie haben sehr viel geleistet und machten einen hervorragenden Eindruck auch in der Disziplin und der Umsicht. Rund um Sandau entstand ein Damm aus Sandsäcken, um eine mögliche Überflutung der Stadt zu verhindern. Besonders schwierig war die Lage an einem Umspannwerk, das weite Gebiete mit Strom versorgt. Sollte das überflutet werden, dann hätten auch die Sandauer gehen müssen und ganz Havelberg mit seinen 11 000 Menschen hätte evakuiert werden müssen, denn ohne Strom funktioniert auch die Wasserversorgung und Entwässerung nicht mehr. Ohne Licht und Wasser hätte man die Menschen nicht in ihren Wohnungen können.

Es wurde hart darum gekämpft und gebetet. „Wir beten Sturm", sagten die älteren Menschen, die sich an den körperlichen Arbeiten nicht mehr beteiligen konnten. Damit meinten sie, dass sie all ihre Kraft in ihre gemeinsamen Gebete legen wollten. In Sandau weiß man, wie viel Kraft solche Gebete haben können. Viele Menschen haben uns mit ihren Gebeten begleitet, sonst wäre es nicht möglich gewesen, so viele Menschen zu versorgen und ihnen Trost und Kraft zu spenden.

Wir haben mitgearbeitet, so gut wir konnten, und vor allem die Evakuierten besucht, denn „der Mensch lebt nicht vom Brot allein, sondern von allem, was aus dem Munde des Herrn geht", heißt es im 5. Buch Mose.

Wir fuhren z. B. zur Kaserne in Havelberg, wohin die Bewohner des Altenheims von Sandau evakuiert worden waren.
Bett an Bett stand in den großen Räumen. Einfach war das für die Menschen nicht, die Einzelzimmer gewohnt waren, aber sie ertrugen die Situation bewundernswert, auch wenn sich so Mancher an den Krieg erinnert fühlte und dadurch Ängste ausgelöst wurden, denn Panzer ratterten durch die Straßen und Hubschrauber knatterten immer noch durch die Luft. Aber die Pflegerinnen und Pfleger kümmerten sich rührend um die alten Leute und so ging es.
Schlimmer war es im Lager Eichwald bei Havelberg. In einer Sporthalle standen einhundert Betten und viele der Menschen dort hatten nichts mehr, als das, was sie auf dem Leibe trugen. Wieder haben wir uns gewundert, wie geduldig sie alles ertrugen und wie groß die Spendenbereitschaft der Bevölkerung war. Große Mengen an Kleidung und sogar Spielsachen für die Kinder wurden gebracht. Alle Bedürftigen konnten sich kostenlos aussuchen, was sie brauchten. Dabei wurde auch gelacht und gescherzt inmitten von all dem Leid.
Vergessen wir nicht: Es waren keine fruchtbaren Wasser, die sich da über das Land ergossen, wie in alten Zeiten. Die Elbe hatte Abwasser aus Chemie und Kläranlagen mitgebracht, schlimme Wasser, die Tod und Verderben bringen konnten. Alles, was mit diesem Wasser in Berührung gekommen war, muss vernichtet werden, um die Seuchengefahr gering zu halten.
Es war bewundernswert, wie Hunderte von Menschen dort versorgt wurden. Das ging nur mit Disziplin und wenn einer auf den anderen Rücksicht nahm.

„Einer trage des anderen Last, so werdet ihr das Gesetz Christi erfüllen“, (Gal.6 V.2), war das Thema einer unserer Andachten, die der Dompfarrer von Havelberg organisiert hatte.
Zu den Andachten kamen nur wenige der Evakuierten, denn ihre Gedanken waren viel mehr bei ihren Häusern und Höfen. Was sollte nun werden? Der Schock saß tief und ließ die Betroffenen nicht nachdenken. Manchmal ist auch das gut.
Ich habe sehr gut verstehen gelernt, warum so viele Menschen Jesus in die Wüste gefolgt waren. Jesu Wort und Nähe gibt Kraft und Hilfe, auch da wo nichts mehr trägt.
Eine Hand gab der anderen. Einer teilte mit dem anderen, was er hatte, damit keiner hungrig bliebe.
So konnte das Wunder der Speisung der Fünftausend geschehen. Es war auch ein Wunder, was in den Lagern rund um Havelberg geschah!

Zu den Andachten kamen auch viele Helfer verschiedener Organisationen, die PSNV, psychosoziale Notfallversorger, genannt wurden, weil sie gekommen waren, um zu helfen. Nun brauchten sie selber geistliche Unterstützung, weil die Not, die sie miterlebten, sehr groß war.
Unter Gottes Wort fanden wir zusammen und haben uns gegenseitig gestärkt. Von den gemeinsamen Liedern und Gebeten ging viel Kraft aus. Das sagten auch diejenige, welche nicht teilnahmen. Man sah uns gerne! Aber die, die zur Andacht kamen, wurden gestärkt und spürten Jesu Nähe. Es war eindrucksvoll zu erfahren, wie nahe uns Jesus Christus auch in dieser schlimmen Notlage war.
Wo Menschen keine Worte mehr haben, wo wir keinen Trost mehr spenden können, da kann Gottes Wort Kraft geben und trösten. Da helfen Gebet und Segen. Viele bekamen so die Kraft, anderen zu helfen und ihnen einfach nahe zu sein. Die Last des anderen zu tragen, kann auch darin bestehen, dass man einfach zuhört. Gottes Wort trägt auch dann.

In unserem Gemeindehaus ging es Tag und Nacht weiter. Die Spendenflut riss nicht ab, die Kraft der Frauen und Männer ließ nicht nach. Die einen breiteten Gemüse vor, kochten Suppe und schmierten Brote. Die anderen schippten Sandsäcke und sicherten die Deiche, bis die Flut in die Havel umgelenkt werden konnte.

Aber dann war die ganz große Gefahr vorbei. Der Wasserstand der Elbe sank und der Druck auf die Deiche ließ nach.

Bei einem gemeinsamen Essen in der Küche der Pfarrfamilie erklärte uns der fünfjährige Sohn das Problem der Deiche an seinem Grießbrei. Er machte aus dem Brei einen Damm und goss Milch dazu. „Sehen Sie, wenn ich Milch dazugebe, wird der Damm weich", erklärte er uns. Wir konnten endlich wieder lachen.

Dann konnten nach und nach die Lager in Havelberg geräumt werden. Die letzte Andacht vor der Turnhalle hielt ein Pfarrer aus Berlin. Er wählte Ps. 126 zum Thema: „Wenn der Herr die Gefangenen Israels erlösen wird, werden wir sein, wie die Träumenden."

Evakuierung aufgehoben! Rückkehr! Welch ein Traum! Aber wie die Israeliten kehrten viele der Evakuierten in ein zerstörtes Land zurück.

In Schönfeld, einem Dorf unserer Gemeinde, stand die Hälfte des Ortes unter Wasser und hatte keinen Strom. Am Sonntag hielt ich dort einen Gottesdienst. Überall auf den Straßen waren Männer mit schweren Geräten daran, die Sandsäcke fortzuschaffen und den Unrat aus dem Dorf zu bringen. Sie hatten keine Zeit und keinen Sinn dafür, den Gottesdienst zu besuchen. aber man machte uns gerne Platz, damit wir durchfahren konnten. Es kamen nur wenige zu diesem Dankgottesdienst, aber die Geist Gottes war uns allen sehr nahe. Für alle war es ein Zeichen des Neuanfangs, als die Glocken wieder läuteten.

„Einer trage des anderen Last, so werdet ihr das Gesetz Christi erfüllen!“ war auch das Thema dieses Gottesdienstes. Von einer Straßenseite zur anderen führten Kabel, denn die linke Seite der Straße hatte wegen der Überflutung keinen Strom wohl aber die rechte, die von den Wassern verschont geblieben war.
Das war ein wunderbares Bild für gegenseitige Hilfe: Man spendete einander neue Energie! Die Sandsäcke gingen im gemeinsamen Kampf gegen die Flut von einer Hand zur anderen, die Versorgung klappte nur, weil die einen von ihren Vorräten gaben und andere so nehmen konnten. Eine Hand gibt der anderen und keine bleibt leer. Nur so haben auch die Männer von Schönfeld ihr Dorf retten können.

Für mich wurden viele Fragen an den Bibeltext durch unsere Erlebnisse an der Elbe beantwortet.
Wie kann man so eine große Menge Menschen versorgen? Was hat Jesus getan, nachdem er die Brote und Fische seinen Jüngern gegeben hatte? Was haben die Jünger getan? Wie war die Atmosphäre? Was haben die Menschen empfunden?
Viele Menschen können versorgt werden. Es ist eine Frage der Organisation. Unser Predigttext deutet an, wie es sein könnte, mit Gebet und Überlegungen ist es möglich, solche Schwierigkeiten in den Griff zu bekommen.
Was haben die Jünger getan? Sie haben genommen und weitergegeben. Sie haben nicht gefragt, sondern gehandelt, genauso wie die Frauen und Männer in Sandau. Es waren Gottesgaben, die sie in Empfang nahmen und sie gaben das fertige Essen in Gottes Namen weiter.
Für uns war es ein wunderschönes Erlebnis zu erfahren, wie Menschen in großer Not zusammenhalten.
Wenn Türen so aufgehen, dann herrscht Freude auch in der Not, dann gibt es Überfluss auch in der Wüste, da wo nichts mehr zu sein scheint.

Wir haben in Sandau erlebt, dass mit Gebet und Gastfreundschaft auch ganz große Probleme bewältigt werden können.
Wir haben erfahren, dass Gottes Wort auch dann etwas zu sagen hat, wenn menschliche Weisheit nichts mehr sagen kann.

Sei einfach ein Mensch

Mark. 1 V. 40 – 45

Und es kam zu ihm ein Aussätziger, der bat ihn, kniete nieder und sprach zu ihm: Willst du, so kannst du mich reinigen. Und es jammerte ihn und er streckte die Hand aus, rührte ihn an und sprach zu ihm: Ich will's tun; sei rein!
Und sogleich wich der Aussatz von ihm und er wurde rein. Und Jesus drohte ihm und trieb ihn alsbald von sich und sprach zu ihm: Sieh zu, dass du niemandem etwas sagst; sondern geh hin und zeige dich dem Priester und opfere für deine Reinigung, was Mose geboten hat, ihnen zum Zeugnis. Er aber ging fort und fing an, viel davon zu reden und die Geschichte bekannt zu machen, so dass Jesus hinfort nicht mehr öffentlich in eine Stadt gehen konnte, sondern er war draußen an einsamen Orten; doch sie kamen zu ihm von allen Enden.

Oft habe ich habe mich gefragt, warum Jesus nicht alle Kranken geheilt hat, wenn er doch die Möglichkeit dazu hatte. Aber hätte er dann seinen Auftrag erfüllen können? Seine Aufgabe war es, den Menschen von der Liebe Gottes zu erzählen, sie einzuweisen in das Evangelium und durch sein Sühnopfer, seinen Tod und die Auferstehung das ewige Leben zustande zu bringen. Die Heilungen, von denen berichtet wird, waren Zeugnisse für seine Macht über Leben und Tod, aber sie waren nicht seine eigentliche Aufgabe.
Gerade dieser Text im Markusevangelium macht das so sehr deutlich.
Jesus konnte sich nach der Heilung nicht mehr öffentlich sehen lassen. Er war zu bekannt geworden. Die begeisterten Berichte der geheilten Menschen standen nun seiner Botschaft im Wege. Er galt als ein Wunderheiler, als jemand der Macht über Krankheiten hat, aber die Menschen hörten ihm nicht mehr aufmerksam zu. Sie bewunderten ihn, sie bestaunten ihn und machten sich ihre Gedanken über seine Macht, aber sie beachteten Gottes Botschaft nicht mehr.

An zwei Beispielen aus unserer Gegend will ich Ihnen deutlich machen, wie schwierig das Leben wird, wenn man stets den Erwartungen der Menschen entsprechen muss. Sie kennen sicher noch Dieter Thomas Heck, den früheren Moderator der Hitparade und bekannten Fernsehmann. In Lauffen bot man ihm ein Schloss an und er kaufte es gerne. Die Stadt war stolz auf ihren prominenten Mitbürger und man sprach viel darüber. Deshalb kamen von überall her Leute, um ihn zu sehen. Dieter Thomas Heck konnte nicht mehr einkaufen gehen, ohne angesprochen zu werden. Er war außerhalb seines Schlosses kein Privatmann mehr. Auch ich habe ihn einmal auf der Straße gesehen. Als er bemerkte, dass ich ihn erkannt hatte, verwandelte er sich von einem eleganten Herrn in den allzeit freundlichen Fernsehmoderator und grüßte zurück. Ohne es zu wollen riss ich ihn aus seinem Alltag, weil er annahm, ich würde das erwarten.
Ihm blieb nichts anderes übrig als sein Schloss in Lauffen zu verlassen und dorthin zu gehen, wo viele berühmte Leute leben und niemand von ihnen erwartet, sich ständig als Berühmtheit zu präsentieren.
Seine große Popularität hinderte ihn daran, einfach als Mensch zu leben.

Ein zweites Beispiel berichtet von Pfarrer Blumhardt. Er lebte im 19.Jahrundert in Möttlingen bei Bad Liebenzell. Pfarrer Blumhardt hatte eine ganz besondere Gabe auf Menschen zuzugehen. In seiner Gemeinde lebte eine junge Frau, die psychisch schwer gestört war. Man hielt sie für vom Teufel besessen. Alle wichen ihr aus und mieden den Umgang mit ihr, nur Pfarrer Blumhardt begegnete ihr freundlich. Blumhardt betete oft mit ihr und bat sie, nichts von den gemeinsamen Gebeten zu erzählen, sie aber berichtete überall davon und sagte, dass er heilen könne. Die Folge war, dass von überall her Menschen zu ihm kamen und um Stärkung und Heilung baten. Für Blumhardt wurde es in Möttingen sehr schwer, denn er war auch nur ein Mensch und die Besucher überforderten ihn mehr und mehr.

Eines Tages lag die junge Frau wie tot in ihrem Haus. Man rief Blumhardt und er fühlte, dass er sie auferwecken sollte. Er vertraute nicht auf seine Kraft, sondern spürte, dass Gott durch ihn wirken wollte. Da nahm er die Hand des scheinbar toten Mädchens und sagte zu ihr wie einst Jesus Christus zu der Tochter des Jairus (Mk. 5 V41, 42): „Mägdelein, ich sage dir, stehe auf!" Dann zog er sie hoch, sie erhob sich und war von ihrem furchtbaren Leiden geheilt. Wie so oft in den Evangelien, bat auch Blumhardt die Anwesenden, niemandem etwas davon zu erzählen. Aber keiner hielt sich daran. Die Menschen verstanden nicht, dass es Gottes Macht war, welche die junge Frau wieder zum Leben erweckt und geheilt hatte. Sie verbreiteten überall, dass Pfarrer Blumhardt Tote zum Leben erwecken könne. Die junge Frau verfolgte ihn und pries ihn überall. Blumhardt konnte nicht mehr Gottes Botschaft verkünden, denn die Menschen glaubten an ihn und seine Fähigkeiten und sahen nicht Gottes Handeln in diesem Ereignis.

Schweren Herzens verließ Pfarrer Blumhardt seine Gemeinde und ging nach Bad Boll in die Schwäbische Alb, wo man ihn nicht kannte und wo er wieder Gottes Wort predigen konnte.

Gott wirkte zwar durch ihn, aber die Menschen verstanden Gottes Wirken nicht. Die Wunder, die Gott durch Blumhardt geschehen ließ, standen der Verkündigung des Werkes Gottes im Wege.

Das klingt unglaublich, aber so ist es immer wieder. Auch Jesus erfuhr das und wir hörten in unserem Predigttext eine ganz ähnliche Geschichte.

Eigentlich hatte alles ganz privat angefangen. Jesus ist zuhause, da kommt ein Aussätziger zu ihm. Das ist eigentlich unmöglich, denn dem Aussätzigen war es streng verboten, sich einem gesunden Menschen zu nahen. Lepra ist eine ansteckende Krankheit, auch wenn sie nur dann übertragen werden kann, wenn man längere Zeit mit dem Kranken Kontakt hat und nicht die Möglichkeit sich zu waschen. Aber zu Jesu Zeit grassierte die Seuche in Israel. Die Aussätzigen

wurden aus der Gemeinschaft ausgeschlossen und lebten in Höhlen oder am Stadtrand. Sie mussten „unrein, unrein“ rufen und durften sich keinem Menschen nähern. So ist es im 3.Buch Moses im 13. Kapitel festgelegt.
Es gab aber auch Fälle, bei denen der Aussatz zum Stillstand kam. Dann konnte der Geheilte zum Priester, der Arztfunktion hatte, gehen und sich für gesund erklären lassen. Diese Möglichkeit gab es. Sie war als eine Hoffnung gegeben, aber nur selten kehrte ein Aussätziger wirklich ins Leben zurück.
Dieser Aussätzige in unserem Text aber wagt einen ungeheuren Schritt: Er geht zu Jesus und kniet vor ihm nieder, wie man sich zum Gebet niederkniet. Allein dadurch macht er schon deutlich, dass er weiß, wer dieser Jesus ist. In der Gestalt von Jesus Christus ist Gott selber ist zu den Menschen gekommen und er ist Herr über Leben und Tod.

Die Bitte des Kranken ist eigenartig, aber sehr eindrucksvoll:
Willst du, so kannst du mich reinigen!, sagt der Aussätzige und stellt sich ganz unter Gottes Willen. „Ich weiß, dass du es kannst“, bezeugt er damit, „aber dein Wille geschehe und nicht meiner.“
„Dein Wille geschehe“, so sollten auch unsere Gebete stets enden, wenn wir den Herrn um etwas bitten. Gott kann alles wenden, aber er geht seinen eigenen Weg mit uns.
Gott hat Gefühle, liebe Gemeinde, Gott liebt, Gott erbarmt sich und will das Beste für uns, auch wenn wir seinen Willen oft nicht verstehen.

Und dann geschieht das Wunder:
Und es jammerte ihn und er streckte die Hand aus, rührte ihn an und sprach zu ihm: Ich will's tun; sei rein!
Jesus sieht den großen Glauben des Mannes und erfüllt dessen Bitte.
Glaube kann Berge versetzen. Ja, wenn Gott „Ja“ dazu sagt, dann sind Wunder möglich.

Und sogleich wich der Aussatz von ihm und er wurde rein, schreibt Markus. Welch ein Erlebnis! Die schuppige Haut glättete sich, die weißen Flecken wichen und gesunde Haut kam zum Vorschein. Der Mann sah, dass er geheilt war und unbändige Freude erfasste ihn.
Jesus Christus hat ihn geheilt! Das ist richtig und das will Markus auch bezeugen.
Er erzählt weiter: *Und Jesus drohte ihm und trieb ihn alsbald von sich und sprach zu ihm: Sieh zu, dass du niemandem etwas sagst; sondern geh hin und zeige dich dem Priester und opfere für deine Reinigung, was Mose geboten hat, ihnen zum Zeugnis.*
Das klingt befremdlich. Warum drohte er ihm? Das ist ein Problem der Übersetzung. Drohen kann auch heißen, er machte ihm eindringlich klar, was passieren würde, wenn er sich nicht an Jesu Worte halten würde.
Ich möchte das so erläutern: Jesus sieht ihm in die Augen und sagt: „Dir ist eine große Gnade widerfahren. So etwas geschieht nur einmal im Leben. Verspiel deine Chance nicht. Geh nach Jerusalem. Du hast noch einen schweren Weg vor dir, denn du bist zwar rein geworden, aber das ist noch nicht amtlich. Sieh zu, dass du die Heilung festmachst. Nur der Priester im Tempel kann dich rein sprechen. Vorher gilt das nicht. Und dann opfere und danke Gott. Wenn du darüber redest, werden dich die einen verlachen, bis du selber nicht mehr an deine Heilung glaubst und du verlierst alles, die anderen werden zu mir kommen und auch geheilt werden wollen, dann kann ich meine eigentliche Aufgabe nicht erfüllen. Wir beide kommen in Schwierigkeiten, wenn du darüber redest, statt dich auf deinen Weg zu machen. Geh und nutze dein neues Leben!“

Es ist eine ganz wunderbare Erfahrung, geheilt oder von einer Schuld befreit zu werden. Das ist ein Geschenk Gottes und ihm gebührt der Dank. Wer das Geschenk nicht so annimmt, fällt leicht in sein vorheriges Leben zurück.

Wer erfahren darf, dass Gott durch ihn gewirkt hat, der sollte Gott die Ehre geben. Auch die Engel gehen immer, bevor man ihnen danken kann, damit Gott die Ehre zuteil wird und nicht ihnen.
Heilungen sind immer eine große Klippe im Leben eines Menschen. Das haben selbst die Apostel erfahren müssen, auch Pfarrer Blumhardt und viele andere.
Jesus mahnt den geheilten Menschen, sich auf den Weg zu machen und nicht über seine Heilung zu sprechen, Gott die Ehre zu geben und das Gesetz zu erfüllen.
Der Aussätzige hat sich nicht daran gehalten. Wir erfahren nichts über sein weiteres Schicksal.
Es ist für uns nicht wichtig, denn das Evangelium will Gottes Sohn bezeugen. Er hatte die Kraft, einen Menschen, der totgeweiht war, ins Leben zurückzurufen. Er war und ist der Herr über Leben und Tod.

Markus erzählt: *Er aber ging fort und fing an, viel davon zu reden und die Geschichte bekannt zu machen, so dass Jesus hinfort nicht mehr öffentlich in eine Stadt gehen konnte, sondern er war draußen an einsamen Orten; doch sie kamen zu ihm von allen Enden.*
Das menschlich verständliche, aber ungeschickte Verhalten des Geheilten steht Gottes Botschaft im Wege. Jesus Christus will allen Menschen das Evangelium predigen, aber nun sehen sie in ihm den Wundertäter und bewundern ihn, statt Gott die Ehre zu geben. Sie bringen Kranke und bitten um Heilung und verstehen nicht, dass Gottes Wege ganz anders sind. Nicht Krankheit und Tod stehen zwischen Gott und den Menschen, sondern Schuld und Sünde. Krankheit kann sehr belastend sein und der Tod schmerzlich, aber im Blick auf das ewige Leben ist beides ein vorübergehender Zustand. Es geht um viel mehr. Die Heilungsgeschichten müssen wir als Zeugnisse verstehen, Zeugnisse dafür dass Gott Herr über Leben und Tod ist. Sonst reagieren wir enttäuscht, wenn Gott nicht alle Krankheit von uns nimmt.

Auch Jesus erfuhr, wie schwierig es ist, dauernd in der Öffentlichkeit zu stehen und kein Privatleben mehr zu haben. Er kam auf die Erde, um den Menschen das Evangelium der Liebe zu bringen, um den tiefen Graben zwischen Mensch und Gott zu überwinden. Seine Aufgabe war es, den Weg zu unserem Vater im Himmel zurück frei zu machen.

In Jesus Christus kam Gott selber zu uns auf die Erde. Er wurde ganz und gar Mensch und dadurch unser Bruder.

Als Mensch brauchte er auch Ruhe und Stille, um Kraft zu holen. Die Bibel erzählt immer wieder davon, dass sich Jesus in die Einsamkeit zurückzog, um zu beten.

Das brauchen wir Menschen auch! Die „stille Zeit" am Morgen oder am Abend sind Kostbarkeiten, die wir uns erhalten sollten, denn nur so können wir die Kraft für jeden neuen Tag bekommen.

Jesus Christus ist Gottes Sohn. Er hatte die Gabe, Menschen zu heilen und er kann es auch heute noch tun. Damals hat er nicht alle Kranken geheilt. Auch wenn es schwer fällt das zu akzeptieren, aber Krankheit und Schmerz gehören in unsere Welt und zu unserem Leben. Gott kann gesund werden lassen und das haben viele von uns schon erfahren dürfen. Wenn so etwas geschieht, dann ist es richtig und wichtig, Gott zu danken und ihn zu ehren.

Martin Buber, der berühmte Theologe, drückte das so aus: „Ich bezahle den Arzt für sein Können und sein Tun, aber ich danke Gott für die Heilung."

Es gibt Menschen, welche die Gabe der Heilung haben und durch Hände auflegen heilen können wie die Apostel. Aber immer ist es Gott, der durch sie wirkt.

Wir Menschen haben unterschiedliche Begabungen, mit denen wir wuchern sollen. Aber es sind Gaben Gottes und ihm gebührt die Ehre.

Ja, die Geschichte im Markusevangelium kann nachdenklich machen und das möchte Markus auch erreichen: Dass wir über Gottes Gaben nachdenken und unsere ganz persönlichen Talente entwickeln und für unsere Mitmenschen nutzen.

Klare Worte

Jer. 7 V. 1 – 11

Dies ist das Wort, das vom Herrn geschah zu Jeremia: Tritt ins Tor im Hause des Herrn und predige dort dies Wort und sprich:

Höret des Herrn Wort, ihr alle von Juda, die ihr zu diesen Toren eingehet, den Herrn anzubeten. So spricht der Herr Zebaoth:

Bessert euer Leben und euer Tun, so will ich bei euch wohnen an diesem Ort.

Verlasst euch nicht auf Lügenworte, wenn sie sagen: Hier ist des Herrn Tempel, hier ist des Herrn Tempel, hier ist des Herrn Tempel! Sondern bessert euer Leben und euer Tun, dass ihr recht handelt einer gegen den anderen und keine Gewalt übt gegen Fremdlinge, Waisen und Witwen und nicht unschuldiges Blut vergießt an diesem Ort und nicht anderen Göttern nachlauft zu eurem Schaden, so will ich für immer und ewig bei euch wohnen an diesem Ort, in dem Lande, das ich euren Vätern gegeben habe.

Aber nun verlasst ihr euch auf Lügenworte, die zu nichts nütze sind. Ihr seid Diebe, Mörder, Ehebrecher, Meineidige und opfert Baal und lauft fremden Göttern nach, die ihr nicht kennt. Und dann kommt ihr und tretet vor mich in diesem Haus, das nach meinem Namen genannt ist , und sprecht: Wir sind geborgen – und tut weiter Gräuel.

Haltet ihr denn dieses Haus, das nach meinem Namen genannt ist, für eine Räuberhöhle? Siehe, ich sehe es wohl, spricht der Herr.

Soll ich die Worte Jeremias noch ergänzen, oder waren sie deutlich genug?

Nein, nein, ich würde so etwas garantiert nicht zu Ihnen sagen. Ich komme gerne hierher, weil ich spüre, dass Sie hier Gottes Wort hochhalten, weil ich doch erlebt habe, wie Sie die Kirche renoviert haben und weil ich Sie alle einfach als Geschwister mag.

Das waren nicht meine Worte, die ich eben verlesen habe, das waren Gottes Worte an uns an diesem Israelsonntag.

Jedes Jahr gedenkt die christliche Gemeinde an diesem Sonntag der Zerstörung Jerusalems. Das ist auch unsere „Kirchengeschichte", denn das Alte Testament gehört auch zu unserer Bibel. Juden und Christen sind wie Geschwister, die aus dem gleichen Hause stammen und wie Geschwister manchmal so sind, mögen sie sich nicht unbedingt. Unsere gemeinsame Geschichte hier in Europa ist kein Ruhmesblatt.
Jahrhunderte lang haben Prediger an diesem besonderen Sonntag mit dem Finger auf die Juden gezeigt und deutlich gemacht, dass das Volk Israel verdient habe, was es erlebt. Es ist schlimm, dass es solche Predigten und schlimme Verfolgungen gab, aber es ist so gewesen und wir dürfen vor der Geschichte nicht die Augen verschließen. Es ist noch gar nicht lange her, dass die jüdischen Mitbürger aus der Ortenau nach Gurs und damit in den sicheren Tod gesandt wurden. Es ist gut, dass man sich daran erinnert und so ein Unrecht nie wieder geschehen lassen will.

Es ist wichtig, sich zu erinnern. Bundespräsident Gauck mahnt immer wieder gegen das „Vergessen" und damit hat er recht!
In Israel gedenken die frommen Juden jährlich mit einer Fastenwoche und Trauergottesdiensten an die mehrfache Zerstörung des Tempels von Jerusalem. Der 9.Aw, ein Sommermonat im jüdischen Kalender, spielt dabei eine ganz große Rolle. Im Sommer 385 v. Chr. zerstörten die Babylonier den Tempel von Jerusalem. Im Sommer 71 n. Chr. siegten die Römer über Israel und zerstörten endgültig den zweiten Tempel in Jerusalem. Seitdem gibt es nur noch die Klagemauer.
Dort versammeln sich gläubige Juden heute zum Gebet und dort feiern die jungen Männer ihre Mitzwa, wenn sie zum ersten Mal aus der Thora lesen dürfen.

Wir standen mit unserem Pfarrer vor der Klagemauer und haben die Menschen dort gesehen. Viele kleine Zettel steckten in der Mauer: Botschaften an Gott, Bitte oder Dank.
Papst Johannes II besuchte die Klagemauer und auch er steckte einen Zettel zwischen die Steine. Was darauf stand, weiß Gott allein, denn an ihn ging die Botschaft. Der Papst wollte deutlich zeigen, dass auch er sich zum Volk Gottes zählt, das vor der Klagemauer steht und betet.

Hören wir heute die Botschaft aus unserem Text? Verstehen wir die harten Worte eines Propheten Jeremia?
Wie wäre das, wenn Jeremia am Eingang der Kirche stehen und solche Worte zu uns sagen würde? Wir wären schockiert!
Das waren die Menschen damals auch. Aber verstehen wir das richtig: Jeremia stand nicht an einer Dorfkirche in einem Schwarzwaldtal.
Jeremia stand am Eingang des Tempels in Jerusalem. Vergleichbar würde er heute am Bundestag in Berlin oder am Landtag in Stuttgart stehen, wenn nach den Debatten, bei denen kaum jemand anwesend ist, zur Abstimmung gerufen wird. Wenn all die Abgeordneten dann vom Flur, wo sie geredet und Kaffee getrunken haben, in den Saal kommen, um ihre Stimme abzugeben und deutlich zu machen, wer das Sagen hat, dann würde Jeremia auftreten und sagen:
„Bessert euer Leben und euer Tun!
Verlasst euch nicht auf Lügenworte, wenn sie sagen: Hier ist der Bundestag, hier wird regiert, wir haben das Sagen. Sondern bessert euer Leben und euer Tun, dass ihr recht handelt einer gegen den anderen und keine Gewalt übt gegen Fremdlinge, Waisen und Witwen und nicht unschuldiges Blut vergießt, dann will ich bei euch wohnen, euch helfen und euch beschützen.
Ihr macht die Gesetze, nach denen das Volk regiert wird. Verlasst euch nicht auf die Milliarden, die hin - und hergeschoben werden. Sie geben keine Sicherheit, denn Geld ist nicht mehr wert, als das Papier, auf dem es gedruckt ist.

Verlasst euch auf den Herrn, der in der Verfassung genannt wird. Gott hält die Welt in seinen Händen. Nur das gilt!
Denkt an die Armen im Lande, die ihr Geld mühsam erarbeitet haben, und achtet darauf, dass sie es auch behalten können. Oder seid Ihr Räuber und Diebe?"

Ich habe die Worte Jeremias kühn verändert, aber so ähnlich muss es in den Ohren der Männer geklungen haben, die damals in den Tempel gingen. Denn Jeremia sprach die Regierenden an, die reichen Herren, die die Politik machten. Er handelte wie Papst Franziskus, der die Flüchtlingsinsel Lampedusa besuchte und damit mahnte, dass wir das Unrecht, das dort geschieht, nicht verdrängen dürfen. Mit seinem Auftritt wies er sehr deutlich auf die Tragödie hin, die sich dort im Mittelmeer abspielt. Menschen, die Hilfe suchen, werden allein gelassen. Unsere Gesellschaft ist gleichgültig gegen das Leid anderer geworden. Die modernen Medien bringen es uns in unsere Wohnzimmer und machen eine Abendunterhaltung daraus! Der Papst nutzte seine Stellung, um Gottes Wort einmal ganz anders zu predigen. Er warf einen Kranz ins Meer, um all derer zu gedenken, die auf ihrem verzweifelten Weg nach Europa umgekommen sind.
„Gewalt gegen Fremdlinge ist Unrecht", mahnt Jeremia im Auftrag Gottes. Ist es nicht Gewalt, die dort auf jener Insel geschieht?
Kann man nicht auch morden, indem man wegschaut und nicht hilft?
Oder Jeremia handelte wie unser Bundespräsident, der auch unbequeme Worte findet, wenn es um die Erinnerung an schlimme Zeiten in unserem Volk geht. „Wir dürfen nicht vergessen!", mahnt er bei jeder Kranzniederlegung vor Denkmälern.
Vielleicht ist Jeremia auch ein „Snowdon" seiner Zeit, der aufdeckt, was er nicht mehr verantworten kann. Einer belauscht den anderen. Wo bleibt die Freiheit, wo das Persönlichkeitsrecht?

Der Prophet wagt viel im Auftrag Gottes und natürlich nimmt man ihn gefangen. So redet man nicht im Tempel, so missachtet man nicht die Regierenden, denn die haben nun mal das Geld und das Sagen!
Man möchte den schönen Schein wahren. Natürlich zeigt man mit dem Finger auf die anderen.
Hat der Papst nicht in seinem eigenen Vatikanstaat genug aufzuräumen? Auch dort am Hauptsitz der Kirche werden unrechte Geldgeschäfte getätigt. Wie kann er andere mahnen, wenn es auch in seinem eigenen Haus Korruption gibt?
Man wollte Jeremia zum Schweigen bringen, am liebsten für immer und warf ihn ins Gefängnis, aber das ging nicht, denn er sprach im Auftrag Gottes.

Da erinnert sich jemand: Hat nicht vor Jahrzehnten ein Prophet ganz ähnlich gesprochen? Der Prophet Micha stand in jener Zeit auf, mahnte und warnte das Volk. Damals hatte man nicht auf die Worte des Herrn gehört, und dann kamen die Assyrer und zerstörten das Nordreich Israel für immer.
Droht nicht wieder eine Großmacht, die diesmal Babylon heißt?
Man wird nachdenklich und lässt Jeremia frei.

Eine Kultur des Bewahrens, des Nichtvergessens wird da deutlich. Die Worte des Propheten Micha waren aufgeschrieben und dadurch bewahrt worden. Nun legte man das Wort Gottes und die Geschichte des Volkes nebeneinander und erkannte Gottes Handeln in der Geschichte. Gott hatte sein Volk gewarnt und, als es nicht hören wollte, hatte er seine schützende Hand fortgezogen und das Volk hatte die Konsequenzen tragen müssen.

Hat nicht auch unser Volk sich gerade den Juden gegenüber furchtbar vergangen? Millionen von jüdischen Menschen kamen um. Menschen aus unserer Nachbarschaft, wie uns die Stolpersteine in den Straßen zeigen. Sie kennen wahrscheinlich die kleinen Messingsteine vor den Häusern, in denen

jüdische Mitbürger gewohnt haben, ehe sie abtransportiert wurden. Auch aus der Ortenau wurden die Juden nach Gurs in den Tod geschickt. Es ist gut, das nicht zu vergessen. Die Gedenkstätte Vulkan in Haslach erinnert an die Konzentrationslager, in denen Menschen gefangen gehalten wurden und oft genug umkamen.
Deutschland ging in einem Bombenhagel unter. Die Folgen von Selbstüberschätzung und schwerem Unrecht waren furchtbar.

Dann schenkte Gott seinem Volk einen Neuanfang. 1948 wurde der Staat Israel gegründet und jüdische Jugendliche tanzten in Rom um den Triumphbogen, der vom Sieg der Römer über Israel berichtet.
Ein unglaubliches Ereignis nach 2000 Jahren Vertreibung und Hoffnung. Nächstes Jahr in Jerusalem – der Gruß der Zionisten wurde Wirklichkeit.
Auch Deutschland bekam einen Neuanfang nach all der Zerstörung. Auf der einen Seite war es das Wirtschaftswunder, das durch amerikanische Hilfe möglich wurde. Aber durch wirtschaftliche Erfolge entsteht keine demokratische Gesellschaft. Dazu trug wesentlich die Verkündigung von Gottes Wort in den Kirchen bei. So konnte aus einem totalitären Staat ein demokratisches Land werden, ein Rechtsstaat, in dem die Armen versorgt werden, in dem die Fremden Asyl beantragen können, in dem jeder sein Recht bekommt, und das einen anerkannten Platz in der Völkergemeinschaft hat. Wir können stolz darauf sein.

Und dann kommt so ein Jeremia daher und spricht harte Worte im Namen des Herrn – auch zu uns!
Nein, es ist nicht alles in Ordnung in unserem Land. Wieder gibt es Rechtsradikale, die durch die Straßen marschieren und gegen Juden und Ausländer wettern. Fremdlinge in unserem Land werden angegriffen, viele Menschen verarmen, weil auch bei uns die Reichen immer reicher werden und

die Armen immer ärmer. Ganz langsam und sehr deutlich geht die Schere zwischen arm und reich, wie wir das nennen, auseinander.
Es ist höchste Zeit, dass Männer und Frauen auftreten, die die Wahrheit sagen, wie der Papst, unser Bundespräsident und der junge Mann Snowdon heute oder wie Jeremia damals.

Nun könnten wir mit dem Finger auf die Zentren der Macht in der Welt zeigen und sagen: Wir haben es doch gewusst, denen gilt die Mahnung des Jeremia!

Halt! Das wäre nun doch zu einfach. Jeremia steht auch bei uns am Eingang der Kirche oder ist es gar Jesus Christus, der uns ansieht und sagt:
„Ich bin hungrig gewesen und ihr habt mir nicht zu essen gegeben. Ich bin durstig gewesen und ihr habt mir nicht zu trinken gegeben. Ich bin ein Fremdling gewesen und ihr habt mich nicht aufgenommen. Ich bin nackt gewesen und ihr habt mich nicht bekleidet. Ich bin krank und im Gefängnis gewesen und ihr habt mich nicht besucht. Was ihr nicht getan habt, dem geringsten unter meinen Brüdern, das habt ihr mir auch nicht getan.“ (Matth. 25, V. 42)“
So klingen nämlich die Worte Jeremias aus dem Mund Jesu Christi!
Wieder geht es darum, dass die Armen und Kranken nicht versorgt werden, dass Gleichgültigkeit und Hartherzigkeit das Handeln der Menschen bestimmt.
„Wir haben aber doch geholfen und gespendet“, könnten wir antworten, „unsere Gesellschaft ist nicht so schlimm.“

Ja, das kann ich sogar bestätigen. Durch Zufall war ich mitten im Hochwassergebiet an der Elbe.
Wir wollten nur einem Pfarrerehepaar eine ruhige und notwendige Elternzeit ermöglichen und haben in Sandau eine Vertretung übernommen. Wer konnte ahnen, dass wir dann mitten im Hochwassergebiet Dienst tun würden. Wir

haben erlebt, dass Menschen aus allen Bundesländern kamen, um mit den Einwohnern des Ortes Sandsäcke zu füllen und gegen die Fluten zu kämpfen. Wir haben die Spendenkörbe entgegengenommen, welche die Versorgung der Männer und Frauen am Deich ermöglicht haben. Mit unseren geringen Kräften haben wir geholfen, Schnitten zu schmieren und die Essensportionen auszufahren. Wir haben gemeinsam Gott um seinen Schutz und Schirm angefleht.

Unser Volk ist in dieser Notlage wunderbar zusammengerückt, um zu helfen. Ja, auch das gibt es. Es war eine gute Erfahrung.

Trotzdem müssen wir uns gefragt sein lassen, ob wir richtig handeln. Es ist zu spät, wenn wir Jesus erstaunt antworten: „Du warst die Frau, die ich nicht besucht habe, obwohl ich doch wusste, wie schwer sie an ihrer Trauer trug?

Du warst der Afrikaner, der angerempelt wurde, weil er ein Fremder ist?

Du warst der Bettler, dem ich nichts gegeben habe, oder das weinende Kind, dem ich nicht geholfen habe?

Wenn ich das gewusst hätte, dann hätte ich anders gehandelt."

„Wenn wir das gewusst hätten, hätten wir anders gehandelt", sagten die Israeliten in Babylon, als es zu spät war, und gaben die Worte Jeremias als Mahnung an ihre Kinder weiter.

Auch an uns geht die Mahnung, jetzt etwas zu tun, ehe es zu spät ist.

Es ist wunderbar, wie in unserem Land Kirchen auch unter großen Opfern erhalten werden, aber sie dürfen nicht zu einem Museum verkümmern. Gottes Wort braucht die Gemeinde und die Gemeinde braucht Gottes Wort. Viele Kirchengebäude werden geschlossen und verkauft, auch in unserer Gegend. Schulen werden geschlossen, Menschen wandern ab. Wir werden entschlossener Gottes Wort verkünden und halten müssen, wenn wir unsere Gemeinden lebendig erhalten wollen.

Wenn Kirchen und Gemeinden geschlossen werden, ist es zu spät.

„Es gibt verschiedene Wege zu lernen: durch Hören oder durch die Erfahrung anderer oder durch eigene Erfahrung. Der letzte Weg aber ist der Bitterste", sagte ein Sprichwort.

Die Worte des Jeremia enthalten aber nicht nur eine deutliche Mahnung, sondern auch eine herrliche Zusage Gottes:
Bessert euer Leben und euer Tun, so will ich bei euch wohnen an diesem Ort.
Gott will bei uns wohnen. Er will bei uns Wohnung nehmen. Er nimmt unser Angebot, hier im Ort ein Gotteshaus anzubieten, ernst. Es liegt an uns, ob seine Zusage wahr werden kann.
„Wo zwei oder drei in meinem Namen versammelt sind, da bin ich mitten unter ihnen", sagte Jesus Christus. (Matth. 18, V. 20)
Wenn wir gemeinsam beten und Gottes Wort hören, dann ist uns Gott nahe. Er hat uns versprochen, dass dann das, was wir erbitten, auch Wirklichkeit werden wird.
Darin liegt die große Zusage Gottes durch den Propheten Jeremia:
Ich will bei euch bleiben, wenn ihr meine Gebote haltet und meine Weisungen befolgt.
Aber das geht nur, wenn ihr das auch tut. Sonst ziehe ich meinen Schutz und Schirm von euch ab und ihr müsst die Konsequenzen eures Handelns tragen.

Hören wir heute auf Gottes Wort. Es gilt auch unserer Gesellschaftsordnung, die Arme ärmer werden lässt und Reiche reicher, die Menschen ausgrenzt und auch den Tod von Menschen in Kauf nimmt, um den eigenen Wohlstand zu wahren. Es gilt, nicht länger wegzugucken, sondern mutig für die Schwächeren einzutreten, im Großen wie im Kleinen, auch auf dem Schulhof oder auf der Straße.
Es sind eben nicht immer die anderen, sondern auch wir selber, die ermahnt werden müssen.

Hören wir die Worte aus alter Zeit und Jesu Aufforderung: „Du sollst Gott deinen Herrn lieben von ganzem Herzen und deinen Nächsten wie dich selbst. (3.Mos 19, V, 18 und Matth. 22, V. 37 – 39)
In diesen beiden Geboten hängt das ganze Gesetz und die Propheten.

Gehe hin in Frieden

Luk. 7 V. 36 - 50

Es bat ihn aber einer der Pharisäer bei ihm zu essen. Und er ging hinein in das Haus des Pharisäers und setzte sich zu Tisch.

Und siehe, eine Frau war in der Stadt, die war eine Sünderin. Als die vernahm, dass er zu Tisch saß im Haus des Pharisäers, brachte sie ein Glas mit Salböl und trat von hinten zu seinen Füßen, weinte und fing an seine Füße mit Tränen zu netzen und mit den Haaren ihres Hauptes zu trocknen, und küsste sein Füße und salbte sie mit Salböl.

Als aber das der Pharisäer sah, der ihn eingeladen hatte, sprach er zu sich und sagte: Wenn dieser ein Prophet wäre, so wüsste er, wer und was für eine Frau das ist, die ihn anrührt, denn sie ist eine Sünderin.

Jesus antwortete und sprach: Simon, ich habe dir etwas zu sagen. Er aber sprach: Meister sage es!

Ein Gläubiger hatte zwei Schuldner. Einer war ihm fünfhundert Silbergroschen schuldig, der andere fünfzig. Da sie aber nicht zahlen konnten, schenkte er's den beiden. Wer von ihnen wird ihn am meisten lieben?

Simon antwortete und sprach: Ich denke, dem er am meisten geschenkt hat. Er aber sprach: Du hast recht geurteilt.

Und er wandte sich zu der Frau und sprach zu Simon: Siehst du diese Frau?

Ich bin in dein Haus gekommen, du hast mir kein Wasser für meine Füße gegeben, diese aber hat meine Füße mit Tränen genetzt und mit ihren Haaren getrocknet.

Du hast mir keinen Kuss gegeben, diese aber hat nicht abgelassen, meine Füße zu küssen.

Du hast mein Haupt nicht mit Öl gesalbt, sie aber hat meine Füße mit Salböl gesalbt.

Deshalb sage ich dir: Ihr sind viele Sünden vergeben, denn sie hat viel Liebe gezeigt, wem aber wenig vergeben wird, der liebt wenig.

Und er sprach zu ihr: Dir sind deine Sünden vergeben. Da fingen aber die an, die zu Tische saßen und sprachen bei sich selbst: Wer ist dieser, der Sünden vergibt?
Er aber sprach zu ihr: Dein Glaube hat dir geholfen, geh hin in Frieden!

Skandalös, skandalös, was da geschieht! Da kommt eine stadtbekannte Dame in das Haus eines Pharisäers und wäscht Jesus die Füße. Es ist unglaublich, was sich diese Frau erlaubt! Sie kennt doch die Regeln, nach denen sie sich zu verhalten hat. Oder liegt der Skandal darin, dass sie kommt, als Jesus da ist?
Es wird Einiges angedeutet und das reicht aus, um unsere Gedanken in eine ganz bestimmte Richtung zu lenken.
Was damals als eine Sünderin bezeichnet wurde, ist wohl bekannt. Wir denken an Rotlichtviertel und an die Frauen, die dort arbeiten. Ja, das gibt es, aber darüber redet man doch nicht. Vor allem waren solche Frauen doch nicht gesellschaftsfähig.
In dem berühmten Film „Vom Winde verweht“ gibt es auch eine solche Frau mit großem Herzen und sehr viel Gefühl, die von den anständigen Frauen als Sünderin betrachtet wird.
Dort heißt sie „Belle“, die Schöne, und hat in dem fürchterlichen Bürgerkrieg für die Soldaten Geld gesammelt, aber natürlich nehmen die anständigen Frauen Atlantas das Geld, das sie geben will, nicht an.
In dem Film ist es die Frau von Eschli, die Verständnis hat und sehr wohl die großherzige Gabe der Frau annimmt, um damit den Verwundeten besser helfen zu können.

Lukas legt Wert darauf, die Frau in unserem Predigttext als Sünderin zu bezeichnen.
Das heißt, in den Augen des Pharisäers ist sie nicht nur nicht standesgemäß, sondern unrein, und mit ihr darf ein frommer Jude keinen Umgang haben.

Aber sie weiß sich zu benehmen und kennt die Regeln, deshalb lässt man sie gewähren.
Sie kommt und lässt sich zu Jesu Füßen nieder. Eine Geste der vollkommenen Unterwerfung.
So hatte sich eine Frau zu benehmen! Frauen wurden als störend empfunden, wenn Männer wichtige Dinge besprechen wollten.
Frauen waren in der damaligen Männergesellschaft wenig geachtet. Sie hatten im Hause den Haushalt und die Kinder zu versorgen.
Das war damals so üblich.

Der Pharisäer ist gespannt, wie Jesus reagieren wird. Jesus konnte die Frau nicht kennen, aber Simon weiß ja, wer diese Frau ist und dass sie eigentlich nicht auf eine Gesellschaft gehört. Ein wahrer Prophet würde sofort wissen, wer sie ist und ihre Anwesenheit reklamieren, meint er. Er spricht seine Gedanken zwar nicht aus. Jesus weiß trotzdem, was sein Gastgeber gerade denkt und spricht ihn an: *Simon, ich habe dir etwas zu sagen.*
Jesus hält sich genau an die Regeln. Der Hausherr erteilt das Wort.
Wird Jesus nun reklamieren, dass eine solche Frau in Simons Haus kam?
Nein, Jesus sagt nichts dazu, stattdessen erzählt er ein Gleichnis:
Ein Gläubiger hatte zwei Schuldner. Einer war ihm fünfhundert Silbergroschen schuldig, der andere fünfzig. Da sie aber nicht zahlen konnten, schenkte er es den beiden. Wer von ihnen wird ihn am meisten lieben?
Bei den Juden, Griechen und Römern war es üblich mit einer Geschichte das Gespräch zu eröffnen.
Simon geht darauf ein und antwortet: *Ich denke, dem er am meisten geschenkt hat. Er aber sprach: Du hast recht geurteilt.*
Dann aber kommt es knüppelhart, denn Jesus beanstandet nicht das Verhalten der Frau, sondern das von Simon:

Und er wandte sich zu der Frau und sprach zu Simon: Siehst du diese Frau? Ich bin in dein Haus gekommen, du hast mir kein Wasser für meine Füße gegeben, diese aber hat meine Füße mit Tränen genetzt und mit ihren Haaren getrocknet.

Du hast mir keinen Kuss gegeben, diese aber hat nicht abgelassen, meine Füße zu küssen.

Du hast mein Haupt nicht mit Öl gesalbt, sie aber hat meine Füße mit Salböl gesalbt.

Simon hatte die einfachsten Höflichkeitsregeln nicht eingehalten, aber die Frau hat es getan, in einer unvergleichlich weiblichen Art.

Sie hat ihm die Füße gewaschen. Im Vorderen Orient war das eine Wohltat, die man den Gästen damals anbot. denn man trug offene Schuhe und die Straßen waren im Sommer heiß und staubig. Deshalb wuschen die Diener dem Gast die Füße, bevor man sich zu Tisch setzte. „Man konnte sich frisch machen", würden wir heute sagen. Simon hatte seinem Gast diese Ehre nicht erwiesen. Hatte er Jesus bewusst anders behandelt? Wollte er seinen Gast nicht ehren?

Wir wissen es nicht, aber Jesus weist ihn darauf hin. Das war sicherlich sehr peinlich für den Gastgeber.

Aber mehr noch: Er zeigt auf die Frau, auf die Sünderin, die nicht Standesgemäße und lobt ihr seltsames Handeln.

Sie hat die üblichen Handlungen ganz anders vollzogen:
Mit Tränen hat sie Jesu Füße gewaschen, mit Inbrunst geküsst und gesalbt. Das ist weit mehr als eine gesellschaftliche Geste. In ihrem Tun wird Liebe und Verehrung deutlich.

Sie kam in das Haus, weil sie erfahren hatte, dass Jesus dort war. Sie hatte ganz sicherlich seine Botschaft gehört und vielleicht auf eine Chance gewartet, ihm ihre Liebe zeigen zu dürfen oder Heilung für ihre Seele zu empfangen.

Lukas stellt sie uns als eine Sünderin vor. Das heißt, dass sie eine Ausgeschlossene war. Sie gehörte nicht mehr zum Volk Gottes. Sie war ausgestoßen wie der Zöllner Zacharias, wie die Aussätzigen, die sich niemandem nähern durften oder auch wie die Blinden, die betteln gingen, aber nicht mehr zum Volk gezählt wurden. Viele Menschen waren aus der Gesellschaft ausgeschlossen. Sie litten alle darunter, dass sie sich Gott nicht mehr nähern durften, dass sie sich nicht mehr als vollwertig empfinden konnten.

Die Frau hat einen ganz großen Wunsch. Sie möchte Vergebung und Frieden. Sie möchte sich wieder als Kind Gottes fühlen dürfen, aber zwischen ihr und Gott steht ihr schwieriges Leben und all die Schuld, die sie auf sich geladen hat. Vor den Pharisäern wird sie keine Gnade finden. Es ist aussichtslos, sie um Vergebung zu bitten und darum, wieder zum Volk Gottes gehören zu dürfen.
Dann hat sie von Jesus gehört. Zu ihm kann jeder kommen und wird von ihm akzeptiert, so wie er ist.

Martin Luther hat in jungen Jahren sehr unter der Frage gelitten: Wie finde ich einen gnädigen Gott? Er hat sich viele Prüfungen und Aufgaben auferlegt und fand doch nicht den Frieden, den er suchte. Erst im Römerbrief fand er die Stelle, die ihm die Augen öffnete.
Paulus schreibt: „Nun halte ich dafür, dass wir aus dem Glauben selig werden und nicht aus des Gesetzes Werken. (Röm. 3 V.28)
Für Martin Luther war das die Befreiung. Nicht das Gesetz zählt, sondern der Glaube!

Martin Luther könnte das Gleichnis, das Jesus erzählt, voll und ganz unterstreichen:
Ein Gläubiger hatte zwei Schuldner. Einer war ihm fünfhundert Silbergroschen schuldig, der andere fünfzig. Da sie aber nicht zahlen konnten, schenkte er's den beiden. Wer von ihnen wird ihn am meisten lieben?

Simon antwortete und sprach: Ich denke, dem er am meisten geschenkt hat. Er aber sprach: Du hast recht geurteilt.

Martin Luther sagte einmal: „Fortiter pecar!“ Das heißt übersetzt: Sündige kräftig!
Das war natürlich keine Aufforderung zum Sündigen, sondern die freudige Erfahrung, ich bin als Sünder angenommen. Ich kann zu Gott kommen und ihn um Vergebung bitten. Jesus wird mich im Glauben annehmen und mir meine Sünden vergeben. Ganz gleich, was ich getan habe, er nimmt mich an, denn er hat auch für meine Schuld am Kreuz bezahlt. Wenn ich mich ihm im Glauben zuwende, dann wird mir vergeben, dann kann ich zu Gott zurückkommen, dann werde ich wieder als sein Kind angenommen.
Das ist eine wunderbare Erfahrung, die auch wir machen dürfen, wenn wir Jesu Sühnopfer für uns annehmen.

Die Frau, die zu Jesus kommt, sucht Frieden, Verständnis und Vergebung. Sie zeigt Jesus ihre ganze Liebe, sie bittet um Gnade ohne ein Wort zu sagen, sie erniedrigt sich selbst.
Es gibt Gesten, die mehr aussagen, als viele Worte:
„Schenkt mehr Blumen während des Lebens, denn auf den Gräbern blühen sie vergebens“, sagt ein Sprichwort!
Mehr Gesten der Liebe, mehr Zärtlichkeit, mehr Gefühl füreinander.
Diese Frau versteht es, ihre Liebe und Verehrung zu zeigen.
Deshalb sage ich dir: Ihr sind viele Sünden vergeben, denn sie hat viel Liebe gezeigt, wem aber wenig vergeben wird, der liebt wenig, sagt Jesus zu Simon dem Pharisäer.
Er spricht über die Frau, stellt sie sogar als Beispiel hin, ja gerade die, auf welche die anderen Anwesenden herabschauen.

Wieder einmal stellt Jesus die Gesellschaftsordnung auf den Kopf. Diese Frau, die andere als Sünderin betrachten, soll ein Vorbild sein? Eine Frau als Vorbild für Männer!
Jesus macht in seinem Leben durch Wort und Tat deutlich:
Es geht nicht darum, das Gesetz bis in alle Einzelheiten zu erfüllen, wie es die Pharisäer versuchten, sondern das Gesetz ist um der Menschen willen gegeben worden.
Wie oft hat Jesus das mit klaren Worten betont: „Der Sabbat ist für den Menschen und nicht der Mensch für den Sabbat.“ (Mk. 2, V. 27)
Es geht nicht darum, sogar den Zehnten von den Gewürzen zu geben, sondern darum Liebe zum Nächsten zu entwickeln und Verständnis für ihn zu haben.
Ganz zentral steht im Gesetz: „Du sollst Gott, den Herrn, von ganzem Herzen lieben und deinen Nächsten wie dich selbst.“ (Luk-10, V. 27)

Jesus war als Gast ganz sicherlich der Nächste von Simon dem Pharisäer, aber dieser hatte nicht entsprechend gehandelt. Er unterließ sogar die einfachsten Regeln der Höflichkeit. Er hat Jesus gegenüber keine Liebe gezeigt und ihm nicht einmal die übliche Achtung erwiesen.

Dann wendet sich Jesus der Frau zu und sagt ihr: *Dir sind deine Sünden vergeben.*
Nein, er verurteilt sie nicht, er sagt auch nicht: „Geh und sündige hinfort nicht mehr!“ Er vergibt ihr die Sünden und uns steht nicht zu, darüber nachdenken, was damit wohl gemeint sein könnte.
Das ist nicht einfach zu verstehen und zu empfinden. Ich denke aber, dass der Frau eine große Last von ihren Schultern fiel, als sie sich erhob und ging. Ich stelle mir vor, dass ein glückliches Lächeln auf ihren Lippen lag.
Verstehen die Anwesenden, was da geschehen ist? Nein!

Da fingen aber die an, die zu Tische saßen und sprachen bei sich selbst: Wer ist dieser, der Sünden vergibt?
Feige sind sie, dass sie nicht aussprechen, was sie denken.
Wissen wir, wer dort am Tisch sitzt? Wer mit uns zu Tisch sitzt, wenn wir zum Abendmahl gehen? Haben wir verstanden, wer Jesus Christus ist? Die Frau bei Simon hatte es verstanden, um was es ging:
Sie spürt Jesu große Liebe und weint aus Freude darüber. Deshalb küsst sie seine Füße und salbt sie mit Öl. Sie heißt Jesus in ihrem Leben willkommen!
Da muss man nicht viel reden, wenn man so handelt.
Deshalb kann Jesus auch zu ihr sagen: *Dein Glaube hat dir geholfen, geh hin in Frieden!*

Jesus kann und will auch uns unsere Sünden vergeben, denn Sünden und Schuld stellen sich leicht zwischen uns und Gott. Ganz langsam trennen sie uns von ihm. Wir verlieren die Verbindung zu Gott, wenn wir sie nicht immer wieder erneuern. Glauben und Liebe sind etwas Lebendiges, was Nahrung braucht. Unsere geistige Nahrung sind Gottes Wort und das Gebet.
Deshalb sprechen wir zu Beginn eines jeden Gottesdienstes das Bußgebet und erhalten die Sündenvergebung im Gnadenspruch zugesagt. Wir dürfen uns als rein empfinden, wenn wir den Gottesdienst verlassen.

Uns steht nicht zu, über die Frau zu urteilen oder sie gar zu verurteilen.
Wir Menschen urteilen viel zu leicht über andere. Jesus tut das nicht. Er sieht die Person an, die zu ihm kommen will, und er spürt, mit wie viel Liebe wir zu ihm kommen. Er will uns vergeben, er will, dass wir ihm vertrauen und mit seiner Hilfe zu unserem himmlischen Vater zurückkehren können. Auch er hat seinen Jüngern die Füße gewaschen.
Der Weg zu Gott ist weit und beschwerlich. Wir werden gute Füße und einen langen Atem brauchen, bis wir ans Ziel gelangt sind. Gott helfe uns dabei.

Allein durch den Glauben

Römer 5, V. 1 – 5

Da wir nun gerecht geworden sind durch den Glauben, haben wir Frieden mit Gott durch unseren Herrn Jesus Christus; durch ihn haben wir auch den Zugang im Glauben zu dieser Gnade, in der wir stehen und rühmen uns der Hoffnung der zukünftigen Herrlichkeit, die Gott geben wird. Nicht allein aber das, sondern wir rühmen uns auch der Bedrängnis, weil wir wissen, dass Bedrängnis Geduld bringt, Geduld aber Bewährung, Bewährung aber Hoffnung, Hoffnung aber lässt nicht zuschanden werden; denn die Liebe Gottes ist ausgegossen in unsere Herzen durch den Heiligen Geist, der uns gegeben ist.

Paulus schreibt im Römerbrief einen Satz, der für die evangelische Kirche ganz zentral geworden ist. Martin Luther bereitete eine Vorlesungsreihe über den Römerbrief vor und fand in den Aussagen dieses Briefes die wichtige Zusage:
Da wir nun gerecht geworden sind durch den Glauben, schreibt Paulus. Für Martin Luther war das eine ganz neue Erkenntnis. Nicht die Werke zählen, sondern der Glaube.
Wenn wir an Jesus Christus glauben und sein Sühnopfer für uns in Anspruch nehmen, dann sind wir gerechtfertigt, dann sind wir erlöst. Dann haben wir *Frieden mit Gott durch unseren Herrn Jesus Christus*, so Paulus.
Für Martin Luther waren diese zentralen Stellen des Römerbriefes das Ende eines langen Glaubenskampfes. Ihm ging es darum, vor Gott bestehen zu können und einen gnädigen Gott zu finden. Wie viele Bußübungen hatte er sich auferlegt, wie oft hatte er Nächte durchgebetet und dann fand er diese Schriftstelle, die ihn von den schweren Lasten und seiner Ungewissheit befreite.
Allein durch den Glauben, sola fide – das ist die Kernaussage der Reformation.
Durch den Glauben sind wir gerechtfertigt.

Aber das setzt eine Menge voraus. Habe ich einen solchen Glauben? Kann ich Gott so vertrauen, dass ich seine Liebe annehme wie ein Kind. Ein Kind – ich erlebe es selbst bei meinen Enkeln – muss nichts bringen. Ich werde es nicht an seiner Leistung beurteilen. Ob es mit eineinhalb Jahren laufen kann oder nicht, wie gut es mit vier sprechen kann … es ist mein Kind und wird es immer bleiben. Die Liebe verbindet uns und wird uns ein Leben lang verbinden, denn ich werde alles dafür tun, dass es so bleibt.

Die Bibel sagt uns, dass Gott uns genauso sieht. Seine Liebe ist grenzenlos und wir können aus dieser Liebe nicht herausfallen. Wir müssen sie nur annehmen. Lieben heißt Geben und Nehmen.
Was soll eine Liebe, die nicht angenommen wird? Sie läuft ins Leere.
Auch der Glauben lebt vom Geben und Nehmen. Glauben gründet auf Vertrauen und ist eine Beziehung, die über längere Zeit hin aufgebaut wird. Paulus hat seinen Glauben durch die Begegnung mit Christus bekommen, aber dieser Glaube wurde geprüft und dadurch gefestigt. Am Anfang wurde der Apostel von Jesus Christus vor Damaskus angesprochen und gefragt: „Saulus, warum verfolgst du mich?“ Aus Saulus wurde Paulus, weil er erkannte, dass Jesus Christus lebt und ihn in seinen Dienst rief. Dann hat Paulus lernen müssen. Er wurde im Evangelium unterwiesen und war ein eifriger Schüler. Erst danach konnte er auf seine Missionsreisen gehen und anderen Menschen die Botschaft vom Sühnopfer und der Auferstehung Jesu bringen und von seinem Glauben erzählen, der sich nach und nach in vielen Bedrängnissen bewähren musste.

Glaube kann Wunder tun, Glaube kann heilen.
Jesus Christus sagt so oft: „Dein Glaube hat dir geholfen!“ Eine der für mich eindrucksvollsten Geschichten steht im Markusevangelium. Ein Vater bringt seinen kranken Jungen und sagt zu Jesus: „Wenn du kannst, so erbarme dich unser und hilf uns!“

Jesus aber sprach zu ihm: Du sagst: Wenn du kannst- alle Dinge sind möglich, dem der glaubt!“ Sogleich schrie der Vater des Kindes: „Ich glaube, hilf meinem Unglauben!“
Die Verzweiflung des Vaters kann man nachempfinden. Er will vertrauen, er will sich Jesus ganz ausliefern, er will ihm glauben, aber er spürt auch, dass er es noch nicht kann.
Trotzdem findet er Gnade vor Gott und sein Kind wird gesund.
Das Vertrauen auf Gott ist gefordert und wenn es noch so unvollkommen ist und wenn es noch so schwer fällt.

Durch Jesus Christus *haben wir auch den Zugang im Glauben zu dieser Gnade, in der wir stehen und rühmen uns der Hoffnung der zukünftigen Herrlichkeit, die Gott geben wird.*
Gott ist nicht irgendjemand. Wir können in der Schrift lesen, wie Jesus über die Erde ging, wie er mit den Menschen umging, wie er heilte und half, wie er sich den Menschen immer wieder zuwandte. Die Evangelien berichten, wie er nach Jerusalem ging, um dort am Kreuz für uns zu sterben und den Tod in der Auferstehung zu überwinden. Der Weg nach Jerusalem war kein leichter Weg, aber er ist ihn für uns gegangen, *damit wir Gnade finden und auf die zukünftige Herrlichkeit hoffen dürfen.* Das ist eine Zukunft, die für jeden gilt. Das ganze Leben bekommt andere Dimensionen, wenn wir das für uns im Glauben annehmen: Dieses Leben mit seinen Höhen und Tiefen, mit dem Auf und Ab, mit Freud und Leid ist nicht alles. Es gibt nach dem Tod ein Leben bei Gott in der himmlischen Heimat.

Dann sind die Bedrängnisse des Lebens leichter zu ertragen.
Nicht allein aber das, sondern wir rühmen uns auch der Bedrängnis, schreibt Paulus sogar. Er hat in seinem Leben viel Schlimmes ertragen müssen, aber es hat ihn stark gemacht. In seinen Briefen zählt er auf, was er um Jesu willen alles

ertragen musste: Er ist geprügelt und gesteinigt worden, man hat ihn fortgejagt, er hat gehungert und gedurstet, er hat Schiffbruch erlitten und in den Wellen des Meeres um sein Leben gekämpft… Gottes Weg ist oft nicht einfach. Nein, unser Leben wird durch den Glauben an Jesus Christus weder schmerzfrei noch besonders erfolgreich oder leichter als das Leben von Menschen ohne Glauben. Wir müssen hart an uns arbeiten, um Erfolg zu haben. Er fällt uns Christen nicht in den Schoß, weder im eigenen Leben noch in der Gemeinde, sondern will hart erarbeitet sein. Erfolg hat viele Eltern: Fleiß und Disziplin, Einsatzwillen und den Glauben an ein großes Ziel. Ohne den Glauben daran, kann man die Schwierigkeiten, die auf seinem Wege liegen, nicht bewältigen.

Ein Mann erzählte eine eindrückliche Geschichte:
In seiner Jugend war er nicht der Geschickteste und die anderen Kinder lachten ihn oft aus, weil er weniger schnell rennen, schlechter klettern konnte und weil er einfach ungeschickt war.
Eines Tages lief er mit den Jungen seines Dorfes umher und sie suchten eine besondere Herausforderung. Da fiel einem ein, dass es eine hohe Klippe am Dorfrand gab und er schlug vor, diese zu besteigen. Gesagt, getan. Die Buben kletterten die Klippe hoch und der Junge mit ihnen. Aber plötzlich blieb er auf halber Höhe angstvoll liegen. Er sah keine Möglichkeit weiter hinauf - und keine Möglichkeit wieder herabzusteigen. Lange lag er dort auf halber Höhe auf einem schmalen Sims, aber dann kam sein Vater, der ihn gesucht und gefunden hatte. „Du musst nicht nach unten schauen!“, rief er ihm zu. „Vater ich kann nicht hoch und nicht herunter!“, antwortete der Sohn. „Vertrau mir, du musst nicht gleich den ganzen Weg gehen. Direkt unter dir ist ein Vorsprung, den kannst du mit den Füßen erreichen“, riet ihm sein Vater. Der Bub vertraute seinem Vater, der ihn Stück für Stück mit gezielten Hinweisen durch die Wand leitete.

Für jenen Mann wurde dieser Abstieg das Schlüsselerlebnis seines Lebens. „Vater, ich kenne den Weg nicht, der weiterführt, aber leite mich Schritt für Schritt!“, das sagte er sich später oft in seinem Leben und dieses Vertrauen ließ ihn erstaunliche Leistungen vollbringen.

Weil wir wissen, dass Bedrängnis Geduld bringt, schreibt Paulus und meint damit auch dieses Vortasten Schritt für Schritt im Vertrauen auf den himmlischen Vater. Geduld ist nicht leicht zu lernen. Erst nach und nach entwickelt man die Geduld, die nötig ist, Schritt für Schritt gehen und abwarten zu können.

Geduld aber bringt Bewährung, schreibt Paulus. Wir lernen durch Erfahrung. Das ist der bitterste, aber auch der gründlichste Weg. An der Klippe hatte sich der junge Mann bewährt. Vater und Sohn konnten gemeinsam das beinahe Unmögliche vollbringen, weil der Bub voller Vertrauen den Anweisungen des Vaters folgte. In jeder Schwierigkeit dachte der Mann an seinen Vater und ging Schritt für Schritt vorwärts. Jeder neue Erfolg bestärkte ihn auf seinem Weg.
Wie der Vater in der Geschichte so leitet uns Gott durch unser Leben. Er zeigt uns vielleicht den nächsten Schritt, aber nie den ganzen Weg. Aber er hilft uns in aller Not und diese Erfahrung lässt den Glauben wachsen. Gott hilft uns und er spricht zu uns, wenn wir lernen, auf ihn zu hören.

Bewährung aber wird zu Hoffnung, schreibt Paulus und erklärt so den Weg des Glaubens. Hoffnung ist eine tiefe Zuversicht, die trägt.
Hoffnung aber lässt nicht zuschanden werden, schreibt er weiter. Hoffnung trägt durch tiefe Schluchten im Leben.
„Nun bleiben Glauben, Liebe, Hoffnung, diese drei, aber die Liebe ist die größte unter ihnen“, so beendet Paulus das Hohelied der Liebe im Korintherbrief (1.Korinth. 13, V.13)

Hoffnung, Glauben und Liebe sind Geschwister, die sich gegenseitig stärken. Aber weder Glauben noch Hoffnung können etwas bewirken ohne Liebe.

So sieht es auch Paulus, denn er schreibt:
denn die Liebe Gottes ist ausgegossen in unsere Herzen durch den Heiligen Geist, der uns gegeben ist.
Da ist die Liebe angesprochen, die alles zusammenhält.
Glauben ohne Liebe macht fanatisch.
Hoffnung ohne Liebe mach engstirnig,
aber Glauben in Liebe ausgeübt, macht frei.
Hoffnung in Liebe trägt und reißt mit!

Der Vater mit dem kranken Jungen, der zu Jesus kam, war zutiefst beseelt von der Liebe zu seinem Kind. Diese Liebe ließ ihn alles versuchen. Sie gab ihm Hoffnung, dass Jesus helfen konnte. Sie legte den Keim zum Glauben. Jesus half ihm und sein Glaube wurde gestärkt. Er bewährte sich in schwerer Bedrängnis.

Die Liebe zu seinem Kind ließ auch jenen Vater des ängstlichen Jungen den Weg durch die Klippe weisen. Der Junge spürte die Liebe seines Vaters. Sie half ihm, die Angst zu überwinden und den Abstieg zu wagen. Er vertraute seinem Vater und schaffte den schwierigen Weg. Der Glaube an die eigenen Kräfte wuchs so wie das Vertrauen auf den Rat des Vaters. Die Liebe zwischen Vater und Sohn wurde gestärkt durch dieses Ereignis. Sie wurde zu einer tragenden Kraft in ihrem Leben.

Allein durch den Glauben?
Wenn die Liebe Gottes uns trägt und die Liebe zu Gott in uns ist, dann kann aus dem Glauben, ganz gleich wie klein er sein mag, eine tragende Kraft werden, die durch das Leben trägt, die sich in allen Situationen bewährt.

Wir Christen glauben an Jesus Christus und vertrauen seiner Liebestat, das Sühnopfer am Kreuz

Christus hat uns den Weg zu Gott zurück möglich gemacht. Seit Jesu Auferstehung dürfen wir auf die Herrlichkeit bei Gott hoffen.

Wer dieses Ziel nicht aus den Augen verliert, der kann getrost seinen Lebensweg gehen, auch wenn dieser durch Höhen und Tiefen führt.

Martin Luther stand vor dem Reichstag in Worms und sah die führenden Männer seiner Zeit vor sich, die die Macht hatten über Leben und Tod zu richten. Sie forderten ihn auf zu widerrufen und seine Lehren zurückzunehmen. Aber das konnte er nicht. Zu wunderbar war die Erkenntnis für ihn, dass allein der Glaube an Jesus Christus die tragende Grundlage für die Zusage der ewigen Herrlichkeit auch heute noch ist.

Er sagte: „Hier stehe ich, ich kann nicht anders. Gott helfe mir. Amen“

Ich kann ihn verstehen.

Meine Söhne geb´ ich nicht

1.Mos. 22, V. 1 - 18

Nach dieser Geschichte versuchte Gott Abraham und sprach zu ihm: Abraham! Und er antwortete: Hier bin ich. Und er sprach: Nimm Isaak, deinen einzigen Sohn, den du lieb hast und geh hin in das Land Morija und opfere ihn dort zum Brandopfer auf einem Berg, den ich dir sagen werde.

Da stand Abraham früh am Morgen auf und gürtete seinen Esel und nahm mit sich zwei Knechte und seinen Sohn Isaak und spaltete Holz zum Brandopfer, machte sich auf und ging an den Ort, von dem ihm Gott gesagt hatte.

Am dritten Tag hob Abraham seine Augen auf und sah die Stätte von ferne und sprach zu seinen Knechten: Bleibt hier mit dem Esel. Ich und der Knabe wollen dorthin gehen; und wenn wir gebetet haben, wollen wir wieder zu euch kommen. Und Abraham nahm das Holz zum Brandopfer und legte es auf seinen Sohn Isaak. Er aber nahm das Feuer und das Messer in seine Hand; und sie gingen miteinander. Da sprach Isaak zu seinem Vater Abraham: Mein Vater!

Abraham antwortete: Hier bin ich mein Sohn. Und er sprach: Siehe, hier ist Feuer und Holz; wo ist aber das Schaf zum Brandopfer? Abraham antwortete: Mein Sohn, Gott wird sich ersehen ein Schaf zum Brandopfer. Und gingen die beiden miteinander.

Und als sie an die Stätte kamen, die ihm Gott gesagt hatte, baute Abraham dort einen Altar und legte das Holz darauf und band seinen Sohn Isaak, legte ihn auf den Altar oben auf das Holz und reckte seine Hand aus und fasste das Messer, dass er seinen Sohn schlachte.

Da rief der Engel des Herrn vom Himmel und sprach: Abraham! Abraham! Er antwortete: Hier bin ich! Er sprach: Lege deine Hand nicht an den Knaben und tu ihm nichts; denn nun weiß ich, dass du Gott fürchtest und hast deinen einzigen Sohn nicht verschont um meinetwillen.

Da hob Abraham seine Augen auf und sah einen Widder hinter sich in der Hecke mit seinen Hörnern hängen und ging hin und nahm den Widder und opferte ihn an seiner statt. Und Abraham nannte die Stätte: der Herr sieht. Daher sagt man heute noch, auf dem Berge, da der Herr sieht.

Ich mag diesen Text nicht, denn mir sträuben sich alle Haare, wenn ich so etwas höre. Trotzdem steht die Geschichte am Anfang der Offenbarung Gottes an die Menschen. Wir alle zählen zu Abrahams Nachkommen und sind durch seinen Gehorsam gesegnet.

Kann ich zu einem Gott beten, der so etwas fordert?

Kürzlich fragte mich jemand: „Im Vaterunser steht die Bitte: und führe uns nicht in Versuchung. Kann Gott in Versuchung führen?"

In unserem Predigttext steht: Nach dieser Geschichte versuchte Gott Abraham und sprach zu ihm: Abraham.

Könnte hinter der Bitte im Vaterunser der Gedanke stehen, Gott möge nicht das Schwerste von uns fordern?

Mir kommt Jesu Gespräch mit seinem Vater im Garten Gethsemane in den Sinn:

„Abba, mein Vater, ist es möglich, so gehe dieser Kelch an mir vorüber; doch nicht, wie ich will, sondern wie du willst!" (Matth. 26 V. 39)

Wie hart hat unser Erlöser darum ringen müssen, bis ihm diese Worte über die Lippen kamen: Nicht wie ich will, sondern wie du willst!

Jesus Christus, Abraham und sicher auch Isaak hatten erfahren, dass Gott sie immer wieder geführt und bewahrt hat.

Was ich empfinde, ist so wunderbar in einem Lied von Nikolas Brauer ausgedrückt, das ich Ihnen diesen Text jetzt vortragen möchte: EG 639

Seit der Jugend ersten Jahren, hast du treulich mich geführt.
O wie oft hab ich erfahren, wie dein Vaterherz gerührt
Hilfe zu mir und Rettung sandte,

wenn mein Flehn sich zu dir wandte!
Deiner Führung folg ich still, wie du willst, nicht, wie ich es will.

Alles sei dir übergeben, was du tust, ist wohlgetan.
Es sei Sterben oder Leben dankbar nehm ich alles an.
Mag die Last auch schwer mich drücken, du kannst stärken und erquicken.
Deiner Führung folg ich still, wie du willst, nicht wie ich es will.

Führe mich Herr, wie du denkest, dass ich wandeln soll.
Wenn nur du mein Schicksal lenkest, o so geht's mir ewig wohl.
Steh ich nur bei dir in Gnaden, welcher Feind kann mir dann schaden?
Deiner Führung folg ich still, wie du willst, nicht wie ich es will.

Muss ich manchen Schmerz empfinden, fühl ich oft, wie schwer es sei
Sich durch Leiden durchzuwinden, weiß ich doch: mein Gott ist treu.
Jede Last hilfst du mir tragen, und ich sollte trostlos zagen?
Deiner Führung folg ich still, wie du willst, nicht wie ich es will!

Aus dieser Grundeinstellung lebten Abraham und Jesus Christus. Sie hatten ein unglaublich enges Verhältnis zu unserem himmlischen Vater, ein Vertrauen, das keine Fragen stellt. Auch Jesus Christus fragt nicht: Warum lässt du mich in den Tod gehen? Gibt es keine andere Wahl?
Jesus Christus weiß, dass es keine andere Möglichkeit gibt, den Tod zu überwinden, als den vorgesehenen Weg im Vertrauen auf seinen himmlischen Vater zu gehen und seine Aufgabe zu erfüllen. Er bringt sich selbst zum Opfer dar.

In der Zeit der Christenverfolgung wird erzählt, wie Petrus aus Rom flüchtet. Man hat ihm die Möglichkeit gegeben, sicher nach Jerusalem zurückkehren zu können. Alles ist vorbereitet.

Da sieht er auf der Via appia Christus nach Rom gehen. „Quo vadis, domine? Wohin gehst du, Herr?“ fragt er. „Ich gehe nach Rom, um mich dort ein zweites Mal kreuzigen zu lassen“, antwortet Jesus. Petrus versteht und kehrt nach Rom zurück, um dort für die Botschaft des Evangeliums zu sterben.

Dadurch kann er die Gemeinden dort stärken und ihnen in der aussichtslosen Situation Kraft geben. Es ist die gleiche Kraft, die das römische Reich mit all seiner Götterwelt später untergehen lässt.

Die Kraft der Herzen besiegt die militärische Übermacht. Ist das nicht immer wieder so?

Auch Abrahams Lage ist aussichtslos. Der Auftrag ist eindeutig und Abraham handelt, wie Gott ihm befohlen hat:

Da stand Abraham früh am Morgen auf und gürtete seinen Esel und nahm mit sich zwei Knechte und seinen Sohn Isaak und spaltete Holz zum Brandopfer, machte sich auf und ging an den Ort, von dem ihm Gott gesagt hatte.

Es hat den Anschein, als handele Abraham wie ein Automat. Wir erfahren nichts über seine inneren Kämpfe, oder doch?

Ganz versteckt wird da etwas angedeutet:

Am dritten Tag hob Abraham seine Augen auf. Ein ungewöhnlicher Ausdruck. Der Psalmist betet später so: *„Ich hebe meine Augen auf zu den Bergen. Woher kommt mir Hilfe? Meine Hilfe kommt vom Herrn, der Himmel und Erde gemacht hat.“*

Diesen Psalm lesen wir oft bei Trauerfeiern. Schwere Stunden liegen hinter den Menschen, die in einem Abschiedsgottesdienst zusammenkommen. Hoffen, bangen, beten und immer wieder hoffen, alles war vergebens. Der geliebte Mensch ist gestorben und nun stehen wir da und müssen Abschied nehmen. Die

Augen blicken zu Boden. Wir haben keine Kraft mehr nach vorne zu schauen. Wir sehen nur noch das unausweichliche Ende. Wir stehen wie Maria und Johannes am Kreuz Jesu. „Es ist vollbracht!", sagte Jesus, ehe er verschied, und meinte damit, dass er seinen Auftrag vollständig erfüllt hatte.
Trauer ist harte Arbeit. Man muss sie zulassen, dieses dumpfe Gefühl, das alles lähmt, ertragen, und dann der Hoffnung Raum geben, dass alles in Gottes guter Hand geborgen ist, Leben und Sterben. Dann kann man mit aller Anstrengung die Augen heben und zu den Bergen schauen, von denen Hilfe kommt. Das tut gut, das ist der Moment, wo die Trauer zurückweicht, wo wieder Licht in das Dunkel fällt.

Abraham hat diese Verzweiflung wohl durchlebt. Drei Tage war er wie gelähmt und lief wie ein Automat. Drei Tage verbrachte Jona im Bauch des Wales wird erzählt, drei Tage war Christus bei den Toten, dann aber kam das Licht des Ostermorgens mit seiner herrlichen Auferstehung.
Für Abraham aber noch nicht:
Am dritten Tag hob Abraham seine Augen auf und sah die Stätte von ferne und sprach zu seinen Knechten: Bleibt hier mit dem Esel. Ich und der Knabe wollen dorthin gehen; und wenn wir gebetet haben, wollen wir wieder zu euch kommen.
Ihm muss der Anblick des Berges durch Mark und Bein gegangen sein.
Von diesem Berg kam keine Hilfe, sondern Gottes unverständliche und unausweichliche Forderung. Aber Abraham ist gewiss, dass Gott ihn führen und leiten wird, deshalb kann er so sachlich reden und sagen:
„wenn wir gebetet haben, wollen wir wieder zu euch kommen."
Für mich spricht daraus das tiefe Vertrauen Abrahams zu Gott. Er macht sich Gottes Befehl nicht zu eigen, sondern überlässt Gott die Führung. Das ist tiefstes Gebet. „Herr, ich weiß nicht, was du mit mir vorhast, ich überlasse mich dir ganz mit allem, was ich bin. Ich handle so, wie du es willst, denn du weißt, wohin der Weg führt."

Natürlich fragt Isaak, wo denn das Opfer sei, und Abraham antwortet ausweichend: *Mein Sohn, Gott wird sich ersehen ein Schaf zum Brandopfer.*
Wieder spricht tiefes Vertrauen auf Gott aus seinen Worten und gibt damit auch dem Sohn die Antwort: „Verlass dich ganz auf den Herrn!“ Nur so wird die Geschichte verständlich und erträglich. Es geht um das Vertrauen zu Gott und um Gehorsam seinem Wort gegenüber. Um nichts anderes!

Gott geht bis zum Äußersten. Abraham war bereit, seinen Sohn zu opfern, da ruft ihn der Engel Gottes an.:“Abraham, Abraham!“ Er antwortet: *Hier bin ich!*
Er sagt nicht: „Endlich! Darauf haben wir so gewartet!“ Oder gar: „Ich wusste es doch!“
Nein, Gott führt uns mitten hinein in das Leben und Sterben. Er erwartet, dass wir auch dann noch zu ihm halten, wenn Unglaubliches von uns gefordert wird.

Wie kann Gott das zulassen? Ist das nicht die Frage, die wir alle stellen, wenn wir Schreckliches erleben? Warum gibt es Katastrophen, Kriege und fürchterliche Unfälle?
Wir wissen es nicht und können auch keine Antwort darauf geben. Auf vielen Grabsteinen steht die Frage: „Warum?“
Unsere Antwort darauf kann nur im grenzenlosen Vertrauen zu Gott liegen, darin, dass er wissen wird, weshalb er uns dieses oder jenes auferlegt. Diesen Weg wählte auch Jesus Christus. Weil er seinen Auftrag erfüllte, können wir alle zu Gott zurückkehren, weil er sein Leben gab, sind wir durch ihn gesegnet, sind wir alle Gottes Kinder und dürfen uns in Freud und Leid bei ihm geborgen wissen.

In unserem Text heißt es weiter:

Der Engel sprach: Lege deine Hand nicht an den Knaben und tu ihm nichts; denn nun weiß ich, dass du Gott fürchtest und hast deinen einzigen Sohn nicht verschont um meinetwillen.
Wir Christen sehen darin auch einen Hinweis auf Jesus Christus. Johannes schreibt in seinem Evangelium: Also hat Gott die Welt geliebt, dass er seinen eingeborenen Sohn gab, damit alle, die an ihn glauben, nicht verloren werden, sondern das ewige Leben haben. (Joh.3 V. 16)

Und dann opfert Abraham einen Widder, der sich in einem Dornenstrauch verfangen hat.
Was sagt eigentlich Isaak zu dem Geschehen? Wo bleibt das Gespräch zwischen beiden Männern?
Es wird nicht überliefert, auch nicht, dass sich Vater und Sohn weinend in die Arme fielen.
Das ist sicherlich so gewesen und weil das so sicher ist, wird es auch nicht erzählt, sondern uns überlassen, die Empfindungen nachzuspüren.
Die Bibel erzählt ganz bewusst nicht alles, um unseren Gefühlen Platz zu lassen. Die Texte sind für alle Zeitalter geschrieben und jede Zeit hat ihre Art mit den Geschichten umzugehen. Gerade, wenn nicht alles erzählt wird, kann jeder Leser seine eigenen Gedanken dazu einbringen.

Ganz sicher ist, dass sowohl Abraham und als auch Isaak zutiefst gebetet haben. Sie haben sich ganz und gar Gott anvertraut. „Herr, ich befehle meinen Geist in deine Hände“, sagt Jesus am Kreuz. So wird auch Isaak gefühlt haben.

Die Geschichte von Abraham und Isaak endet am Berg Morija und erzählt nichts vom Wiedersehen im heimatlichen Zelt, denn das brauchen wir nicht. Abraham und Isaak werden stets nur von dem Gebet zu Gott gesprochen haben, das jeder auf seine Weise erlebt hat.

Für uns ist wichtig zu wissen, dass auf Abrahams Gehorsam Gott gegenüber ein ganz besonderer Segen lag:
Und der Engel des Herrn sprach: ich habe bei mir selbst geschworen, spricht der Herr: Weil du solches getan hast und hast deines einzigen Sohnes Leben nicht verschont, will ich dein Geschlecht segnen und mehren wie die Sterne am Himmel und wie den Sand am Ufer des Meeres und deine Nachkommen sollen die Tore ihrer Feinde besitzen; und durch dein Geschlecht sollen alle Völker auf Erden gesegnet werden, weil du meiner Stimme gehorcht hast.

Durch eine Tat aus grenzenlosem Gehorsam werden wir auch heute noch gesegnet. Das geschieht später noch einmal durch Jesus Christus:
Gott gab seinen eingeborenen Sohn für uns in den Tod. Christus trug die Sündenlast der Welt ans Kreuz und machte durch seine Auferstehung den Weg zu Gott zurück möglich. Seitdem gibt es Hoffnung, die über den Tod hinausreicht.
Seitdem gibt es auch dann noch Worte, die tragen, wenn alles andere schweigen muss. Der Psalmist spricht: „Ich hebe meine Augen auf zu den Bergen, von welchen mir Hilfe kommt. Meine Hilfe kommt vom Herrn, der Himmel und Erde gemacht hat. Der Herr behüte dich vor allem Übel,
er behüte deine Seele. Der Herr behüte deinen Ausgang und Eingang von nun an, bis in Ewigkeit.“ (Ps.121, V. 1,7 und 8)

Ihr sollt nachfolgen seinen Fußstapfen

1.Petrus 2, V. 21 – 25

Denn dazu seid Ihr berufen, da auch Christus gelitten hat für Euch und Euch ein Vorbild hinterlassen, dass Ihr sollt nachfolgen seinen Fußstapfen; er, der keine Sünde getan hat und in dessen Mund sich kein Betrug fand; der nicht widerschmähte, als er geschmäht wurde, nicht drohte, als er litt, er stellte es aber dem anheim, der gerecht richtet; der unsere Sünde selbst hinaufgetragen hat an seinem Leibe auf das Holz; damit wir, der Sünde abgestorben, der Gerechtigkeit leben. Durch seine Wunden seid ihr heil geworden. Denn ihr wart wie irrende Schafe; aber nun seid ihr bekehrt zu dem Hirten und Bischof eurer Seelen.

Als ich las: *Ihr sollt nachfolgen seinen Fußstapfen*, da musste ich lachen, denn ich erinnerte mich an eine Wanderung mit meiner Familie im Hochgebirge. Es war schon weit im Frühling, so wie jetzt etwa und wir wagten es, als Flachländer mit der Bergbahn hoch hinauf zu fahren. Der blaue Himmel lockte einfach und wir konnten uns nicht vorstellen, dass nicht schon überall der Frühling eingezogen war. Aber wir hatten uns geirrt. Auf fast 2000 m Höhe lag noch Schnee. Es war zwar kein Winter mehr, denn die Sonne brannte vom Himmel und wärmte uns, aber der Boden war noch hoch mit Schnee bedeckt. In dem nassen Schnee konnten wir kaum vorankommen, es sei denn, wir nutzten die Fußstapfen im Schnee. So konnten wir sicher gehen.

Jemand war einen schwierigen Weg vorausgegangen und hatte den Weg gebahnt. Wir waren den unbekannten Bergsteigern sehr dankbar dafür, dass sie uns vorausgegangen waren!

„Jesu geh voran auf der Lebensbahn!“ Kennen Sie noch das alte Kirchenlied? Geh voran und bahne mir den Weg! Zeige mir, wo ich sicher gehen kann und wo Gefahr droht. Da, wo du gegangen bist, da kann ich auch gehen, du hast mir den Weg freigemacht!

So sieht es auch der Apostel Petrus. Er hatte am See Genezareth Jesu Aufforderung gehört: „Folge mir nach!“ Da ließ er seine Netze zurück und wurde ein Nachfolger Jesu Christi. Jesus ging voran. Er kannte den Weg und ging ihn unbeirrt bis nach Jerusalem. Petrus folgte ihm. Er vertraute sein Leben voll und ganz seinem Herrn und Meister an. Er fragte nicht, was aus dem Weg werden würde, er ging einfach mit und erkannte nach und nach, wem er da nachfolgte: einem guten Hirten. Jesus sorgte für seine Jünger. Er war bei ihnen, sie hörten ihm zu, wenn er sie belehrte und ins Evangelium einführte. Er ließ sie nicht ohne seine Hilfe, als sie zum ersten Mal ausgesandt wurden und allein ihren Weg gehen mussten. Sie wurden mit Vollmacht ausgerüstet und erlebten, dass Jesus auch dann mit ihnen war, wenn er ihnen nicht sichtbar voranging.
Nachfolge hieß nicht nur, in den Fußtapfen des Meisters zu gehen, sondern in seinem Sinne zu leben.
Ich werde nie die Karikatur vergessen, die ich in einer Zeitung sah, als Bundespräsident Herzog Nachfolger von Richard Weizsäcker wurde. Ein gewaltiger Schuh war da gezeichnet und darunter stand: „Ihre Schuhe stehen draußen, Herr Herzog!“ Ich dachte unwillkürlich an die Bergsteiger, die uns einst den Weg durch den Schnee gebahnt hatten. Ihre Schuhe waren auch viel größer als meine und ihre Schritte waren sehr weit auseinander. Nein, es ist nicht einfach, eine Nachfolge anzutreten. Aber Bundespräsident Herzog ging auch seinen Weg, der zwar anders wurde als die Präsidentschaft seines Vorgängers, aber auch er erwarb sich Achtung und Anerkennung im In- und Ausland.

Mit Christi Schuhen ist es noch etwas anderes: Sie passen für jeden Fuß. Die Schrittweite passt sich dem Menschen an, der Jesus nachfolgen will. Die Fußstapfen sind gangbar durch einfaches und durch schwerstes Gelände. Trotzdem muss man genug Mut entwickeln, den unbekannten Weg zu gehen. Das musste auch Petrus erfahren, als er Jesus bei der Gerichtsverhandlung im

Hof des Statthalters Pilatus verleugnete. Jesus hatte es ihm vorhergesagt und er hatte sich das nicht vorstellen können. „Wohin ich gehe, kannst du mir diesmal nicht folgen", hatte Jesus zu seinen Jüngern gesagt, als sie fragten: „Meister, wohin gehst du?" (Joh. 13 V. 36)

Jesu Weg führte ans Kreuz. War das nicht die Endstation? Musste man als Jünger auch einen solchen Weg gehen?

Die Apostel nahmen das Risiko auf sich, gingen in alle Welt und verkündeten das Evangeliums von der Liebe Gottes:

Er, der keine Sünde getan hat und in dessen Mund sich kein Betrug fand; der nicht widerschmähte, als er geschmäht wurde, nicht drohte, als er litt, er stellte es aber dem anheim, der gerecht richtet; der unsere Sünde selbst hinaufgetragen hat an seinem Leibe auf das Holz, so schreibt Petrus.

Das ist die Botschaft des Evangeliums:

Jesus Christus nahm unsere Schuld auf sich, damit wir frei werden können. Er war ohne Sünde und lud sich unsere Sünden, ja die Sünden der ganzen Welt auf seine Schultern. Das geschah im Garten Gethsemane und war so schmerzhaft für ihn, dass sein Schweiß wie Blut auf die Erde fiel. (Luk. 22. V. 44). Unsere Welt ist voller Sünde und Schuld. Die Nachrichten im Fernsehen berichten täglich, wie schwierig es für die Völker ist, miteinander umzugehen. Wie leicht tun auch wir Unrecht im Großen wie im Kleinen, weil Misstrauen und Angst doch die Welt beherrschen. Wie oft hören wir von körperlicher und geistiger Not, möchten helfen und können mit unseren Spenden doch nur einen „Tropfen auf einen heißen Stein" geben.

Jesus Christus war anders. Er kannte keinen Betrug. Er gab auch nicht die Schmähungen zurück, als man ihn verspottete. Er nahm alles auf sich, was sein Vater von ihm forderte.

Einmal habe ich ein Gedicht gelesen, das mich so sehr beeindruckt hat:

„Es war einer“ – so heißt es. Ich habe nicht herausfinden können, wer es geschrieben hat, aber es trifft Jesu Tun so gut. Leider kann ich es nur unvollkommen wiedergeben:

Es war einer,
der gab, als man ihm nehmen wollte,
der ging mit, wenn man ihn bat,
der heilte, wo andere wegsahen,
der kam, wenn andere wegliefen,
der scheute weder Krankheit noch Tod.

der hielt still, als man ihn verriet,
der ließ sich schmähen und verlachen,
der schwieg als man ihn verspottete
der schlug nicht zurück, als man ihn schlug,
der ließ sich kreuzigen

Am dritten Tage ließ er sich sehen!
Der konnte sich sehen lassen!

Ja, in Jesus Christus zeigte Gott einen anderen Weg. Misericordias Domini heißt der Sonntag, an dem dieser Text gepredigt wird. Mit dem Namen soll an das unermesslich große Erbarmen Gottes erinnert werden, das wir immer wieder erfahren dürfen.

Durch seine Wunden seid Ihr heil geworden, schreibt Petrus und denkt sicherlich an den wunderbaren Text aus Jesaja, wo dieser den Gottesknecht beschreibt, der der Welt Heil bringen wird:

„Fürwahr, er trug unsre Krankheit und lud auf sich unsere Schmerzen. Wir aber hielten ihn für den, der geplagt und von Gott geschlagen und gemartet wäre. Aber er ist um unserer Missetat willen verwundet und um unserer Sünde willen zerschlagen. Die Strafe liegt auf ihm, auf dass wir Frieden hätten und durch seine Wunden sind wir geheilt.“ (Jes. 53 V. 4 und 5)
Wenn wir Jesu Sühnopfer für uns in Anspruch nehmen, dann dürfen wir uns als rein und heil empfinden. Im Gnadenspruch bekommen wir die Sündenvergebung zugesprochen, wenn wir das für uns annehmen wollen. Das kann man gar nicht deutlich genug aussprechen. Das ist ein ganz großer Segen und heiliger Augenblick im Gottesdienst. Fehler und Sünden sind vergeben und vergessen. Wir dürfen neu anfangen. Wir dürfen erfahren, dass wir heil werden!

Und dann spricht Petrus vom guten Hirten.
Denn ihr wart wie irrende Schafe; aber nun seid ihr bekehrt zu dem Hirten und Bischof eurer Seelen, so schreibt er. Als Bewohner von Palästina waren ihm Schafe gut bekannt. Noch heute weiden die Herden auf den kahlen Berghängen. Sie scheinen sich selbst genug zu sein, denn sie Tiere laufen langsam grasend hin und her. In einen dichten Mantel aus Filz eingehüllt steht der Schäfer, oft an einem schattigen Platz, und beobachtet seine Herde zu. Auf den ersten Blick sieht man nicht, was der Hirte tut. So ist es auch bei unseren grasenden Schafherden in den Kinzigwiesen. Schäfer zu sein, scheint eine langweilige Aufgabe zu sein, ist es aber nicht. Der Kenner sieht, was der Schäfer leistet. Er gibt den Tieren Sicherheit und Richtung. Wenn er geht, dann folgen ihm die Schafe und er führt sie zu guter Weide. Ohne Hirten sind die Schafe unruhig. Sie wissen nicht wohin, irren umher und kommen oft genug in große Gefahr, wenn sie auf die Straße laufen.
Man sieht den Hirten nicht immer gleich, man kann nicht sagen, was er tut, und doch ist er es, der die Schafe zusammenhält, der ihnen Weg und Richtung gibt.

Was für ein schönes Bild das Jesus Christus wählt, wenn er sagt: *Ich bin der gute Hirte!*
Nein, Gott sagt uns nicht immer, was wir tun sollen. Er lässt uns unseren Weg gehen, aber es ist gut, auf ihn zu schauen. Ist er in der Nähe? Heißt er gut, wie ich gehe? Bin ich noch auf dem richtigen Weg oder habe ich mich verirrt?

Ich erinnere mich an den Weg durch den Schnee im Gebirge. Es war nur möglich, den schwierigen Weg zu gehen, weil jemand vorausgegangen war. In seinen Fußstapfen konnten wir sicher gehen. So sollen wir auch Jesus nachfolgen. Er ist uns den Weg vorausgegangen. Jesus ist ein Vorbild für uns. Er kümmerte sich um seine Mitmenschen, er sah ihre Nor und linderte sie, wo er konnte. Im Gebet holte er sich Kraft und Weisung bei seinem Vater. Wenn wir auf ihn schauen und uns nach seinem Vorbild ausrichten, dann folgen wir seinen Fußstapfen und sind auf dem richtigen Weg, auch wenn der Lebensweg nicht einfach ist und manchmal an Abgründen vorbeiführt.
„Jesu geh voran auf der Lebensbahn!“ Das ist auch mein Wunsch und Gebet für uns alle.

Man – hu – Was ist das denn?

2. Mose 16, 2 – 3, 11-18

Und es murrte die ganze Gemeinde wider Mose und Aaron in der Wüste. Und sie sprachen: Wollte Gott, wir wären in Ägypten gestorben durch des Herren Hand, als wir bei den Fleischtöpfen saßen und hatten Brot die Fülle zu essen. Denn ihr habt uns dazu herausgeführt in diese Wüste, dass ihr die ganze Gemeinde an Hunger sterben lasst.

Da sprach der Herr zu Mose:

Siehe, ich will euch Brot vom Himmel regnen lassen und das Volk soll hinausgehen und täglich sammeln, was es für den Tag bedarf, dass ich es prüfe, ob es in meinem Gesetz wandle.

Am sechsten Tage aber wird's geschehen, wenn sie zubereiten, was sie sammeln, dass es doppelt so viel sein wird, wie sie sonst täglich sammeln.

Und als Aaron noch redete zu der ganzen Gemeinde der Israeliten, wandten sie sich zur Wüste hin und siehe die Herrlichkeit des Herrn erschien in einer Wolke.

Und der Herr sprach zu Mose: Ich habe das Murren der Israeliten gehört. Sage ihnen. Gegen Abend sollt ihr Fleisch zu essen haben und am Morgen von Brot satt werden und sollt inne werden, dass ich der Herr euer Gott bin.

Und am Abend kamen Wachteln herauf und bedeckten das Lager. Und am Morgen lag Tau rings um das Lager. Und als der Tau weg war, siehe da lag´ s in der Wüste rund und klein wie Reif auf der Erde. Und als die Israeliten das sahen, sprachen sie untereinander: Man hu?

Denn sie wussten nicht, was es war. Und Mose sprach zu ihnen: Es ist das Brot, dass der Herr euch zu essen gegeben hat. Das ist es aber, was der Herr geboten hat: Ein jeder sammle, so viel er zum Essen braucht, einen Krug voll für jeden nach Zahl der Leute in seinem Zelte.

Und die Israeliten taten´ s und sammelten, einer viel, der andere wenig.

Aber als man es nachmaß, hatte der nichts darüber, der viel gesammelt hatte und der nicht darunter, der wenig gesammelt hatte. Jeder hatte gesammelt, so viel er zum Essen brauchte.

Wie kann man sich nach Knechtschaft zurücksehnen? Das kann doch nicht wahr sein! Und doch ist es so. An dem Tag, als ich in den Ruhestand ging, lautete die Losung: *„So steht nun fest und lasst euch nicht wieder das Joch der Knechtschaft auflegen!"* Die Schriftstelle stammt aus dem Galaterbrief im 5. Kapitel. Ich staunte nicht schlecht, besonders als ich eine andere Übersetzung las, die noch deutlicher wurde: *„So ihr nun frei seid, was seufzt ihr nach der Knechtschaft?"* Das wird mir nie passieren, dachte ich und freute mich auf meine neu gewonnene Freiheit. Doch! Es ist auch mir passiert. Die Schule war für dreißig Jahre lang mein Leben, und ich konnte mir nichts anderes vorstellen. In der Erinnerung wurden die Schulstunden immer schöner, die Schultage immer erfolgreicher und nicht so Gutes geriet in Vergessenheit, auch der manchmal ungerechte Chef. Das ist so menschlich! Vielen geht es so. Wenn man älter wird, dann verklärt man die Vergangenheit. Das ist gut und ich bin dankbar dafür. Gerne denke ich auch an die schöne Zeit mit unseren Kindern zurück. Wenn die Enkel uns besuchen, dann merke ich schon, wie anstrengend es mit den vielen Kindern gewesen sein muss. Jetzt in den Konfirmandenstunden erfahre ich manches Mal, wie schwer es war, Tag für Tag Kinder zu unterrichten und für eine Sache zu begeistern.

Es ist gut, dass die Verpflichtungen in der Schule vorbei sind. Ich bin dankbar dafür, dass mir der Herr eine andere Aufgabe gegeben hat. Seit über 10 Jahren bin ich Prädikant und verkünde das Wort Gottes, begleite Menschen in schönen und in schweren Stunden und fühle immer wieder, wie der Herr meine Frau und mich leitet.

Wir vertreten im Auftrag der Zehntgemeinschaft jedes Jahr für etwa vier Wochen einen Pfarrer in einer Gemeinde in Brandenburg oder Sachsen Anhalt.

Zu Beginn haben wir uns manches Mal gefragt: „Was ist das denn?“ „Man – hu?“, heißt das auf Hebräisch und so steht es im Predigttext. Man – hu! Das klingt so richtig nach dem Seufzer, den man ausstoßen möchte, wenn die Wege des Herrn so ganz anders sind, als wir uns das vorgestellt haben. Es ist eine Eigenart des Herrn, uns immer wieder vor neue Aufgaben zu stellen. Das hat sich in all den Jahrtausenden nicht geändert. Ja, die Wege des Herrn sind oft seltsam.

Das war bei den Israeliten in der Wüste überhaupt nicht anders.
Sie waren begeistert aus Ägypten aufgebrochen, um ein Volk zu werden, das dem Herrn in Freiheit dient. Einem solchen Herrn, der den Pharao in die Knie zwang, musste man doch gerne folgen.
Am Schilfmeer erlebten sie noch einmal unvergesslich für alle Zeiten, wie der Herr sie aus großer Gefahr rettet. (2.Mos. 16 ff) Gott allein tat das. Niemand musste kämpfen und um sein Leben fürchten. Moses streckte auf Gottes Geheiß seine Hand aus und das Meer teilte sich. Die Israeliten folgten ihrem Propheten mitten durch das Meer. Gefordert war nur der Blick nach vorn auf Moses, der Blick in die Zukunft gerichtet, in eine herrliche Zukunft, in ein Land, in dem Milch und Honig fließt. (2. Mos. 3 V. 8) Das klingt so ein bisschen nach Schlaraffenland. Ich glaube, wir alle neigen dazu, uns die Zukunft rosig zu wünschen.

Ich denke an das Hochzeitspaar, das davon träumt, dass nur noch herrliche und schöne Tage kommen würden, an den jungen Mann, der seine Ausbildung beginnt, und vom großen Geld träumt, an die junge Mutter, die ihr Kind in den Armen hält, und nur noch Liebe geben will.
Sie alle und auch wir träumen bei so großen Ereignissen von einer Art Schlaraffenland und dann sieht in der Wirklichkeit alles ganz anders aus.

Jedes Paar muss darum kämpfen im Alltagsstress seine Liebe zu bewahren. Jeder Auszubildende muss lernen, mit seinem verdienten Geld umzugehen. Jede Mutter wird merken, dass Erziehung und Pflege sehr viel Zeit und Opfer fordert.

Das Leben ist nicht einfach. Vor Jahren habe ich eine nette Geschichte im Readers Digest gelesen.

Ein junges Paar dachte sich eine einfache Regel für das Zusammenleben aus: „Wenn du im Büro Schwierigkeiten hattest, dann hängst du deine Krawatte schief, und ich weiß, dass du Streicheleinheiten brauchst und auf keinen Fall reden möchtest", sagte sie zu ihm. „Wenn zu Hause alles drunter und drüber ging, dann lässt du die Schürzenbänder offen und ich weiß, dass ich einfach in die Küche gehen muss, kochen, Babyflaschen richten etc. Ich sehe dann schon, was nötig ist", sagte er. Eine Zeitlang ging das ausgezeichnet. Mal ging bei ihm etwas schief und sie war zärtlich, dann wieder hatte sie Probleme und er übernahm wortlos ihre Aufgaben.

Aber eines Tages war alles ganz anders. Es fing gleich im Büro mit Ärger an. Termine wurden vergessen, Gelder verlegt, Bleistifte zerbrachen und sogar der Computer stürzte ab. Genervt hing er seine Krawatte schief, als er auf dem Heimweg war.

Zuhause war der Tag nicht besser gelaufen. Das Baby schrie und ließ sich nicht beruhigen. Die Flasche war zu heiß und das Kind verbrannte sich den Mund. Die junge Mutter rannte zum Arzt und vergaß den Herd abzustellen. Als sie zurückkam, konnte sie gerade noch der Feuerwehr absagen, welche die fürsorglichen Nachbarn angerufen hatten, weil Rauch aus der Wohnung kam. Gestresst warf sie die Küchenschürze in die Ecke, als sie das Auto ihres Mannes hörte.

Und dann standen sich die beiden gegenüber! Seine Krawatte losgebunden und sie ohne Schürze mit Tränen in den Augen. Verdutzt sahen sie sich an, stutzten und fielen sich dann lachend in die Arme!

Solche Geschichten passieren immer wieder. Wie schön, wenn die Liebe daran nicht zerbricht.

Und bei einem Auszubildenden geht das manchmal so. Er möchte große Aufgaben erledigen und bekommt einen Besen in die Hand gedrückt und muss fegen
„Dann mach mal", ist die kurze Anweisung des Chefs, der genau die Arbeiten erledigt, die der junge Mann gerne tun würde.

„Man hu?" , möchte man manches Mal im Leben fragen. „Was ist das denn?" Und doch ist es genau der Weg, den man gehen muss. Der oder die Auszubildende lernt nur so alle wichtigen Arbeiten im Betrieb kennen, und auch die jungen Eltern lernen nach und nach, wie man ein Baby richtig versorgt.
Später denkt man dann zurück und meint, wie einfach und wie schön alles früher gewesen sei.

„Natürlich war das Sklavenarbeit in Ägypten, das wollen wir ja gar nicht bestreiten", sagen die Israeliten, als der Hunger sie plagt. „Aber dann kamen die Aufseher und gaben uns Fleisch und Brot!" Vergessen ist, dass man es ihnen hingeworfen hat, vergessen ist die Peitsche und die Angst, die jeden an die Arbeit brachte.
Freiheit bedeutet, auch schwierige Zeiten bewusst auf sich zu nehmen und sie zu meistern.

Aber der Herr hört das Murren und die Klagen seines Volkes. Wie schön, das in unserem Text zum Ausdruck kommt.
Ich habe das Murren der Israeliten gehört. Sage ihnen. Gegen Abend sollt ihr Fleisch zu essen haben und am Morgen von Brot satt werden und sollt inne

werden, dass ich der Herr euer Gott bin! Das lässt Gott durch Mose dem Volk sagen.

Gott hört und antwortet. Darauf können wir auch uns verlassen. Aber Gottes Ohren hören anders! Er hört, doch seine Antwort sieht oft ganz anders aus, als wir Menschen das erwarten.

.

Als Moses dem Volk Gottes Botschaft überbrachte, da träumten die Israeliten von den Fleischtöpfen mit gekochtem Rindfleisch, das die ägyptischen Sklaven heranbrachten, wenn endlich Essenszeit war.
Im Traum waren sie schon wieder im Schlaraffenland, aber dann war alles ganz anders.
Nein, die Tauben flogen ihnen nicht gebraten in den Mund. Wachteln liefen kreuz und quer durch das Lager. Kleine Federbällchen! Natürlich Fleisch, aber es musste erst gefangen, gerupft und gebraten werden.

Auf dem herbstlichen Zug über das Mittelmeer werden auch heute noch Wachteln manchmal von Stürmen in die Wüste getrieben. Das war ein ganz natürliches Geschehen, aber dass es gerade zu diesem Zeitpunkt kam, das war ein Wunder.
Man hu? Was ist das denn?, fragten sich die Israeliten völlig zurecht. „Die Speise des Herrn“, war die Antwort des Propheten. Nein, Gott schenkt uns keine gebratenen Tauben, die uns in den Mund fliegen. Nein und nochmals nein! Er erwartet von uns, dass wir aus dem etwas machen, was er uns gibt, auch wenn wir verwundert fragen: Man hu?
Am nächsten Morgen lag Tau auf den Steinen. Als die Sonne den Tau aufleckte, blieben kleine weiße oder braune Körner übrig. Manna oder Himmelsbrot. Es ist der Zucker, den die Blattläuse ausscheiden, die auf den Tamarisken sitzen. Der Tau löst den Zucker und die Sonne röstet ihn auf den heißen Steinen. Man kann

Manna auch heute noch in der Wüste finden und viele Menschen leben immer noch davon.
„Man hu?“, fragten die Israeliten. „Manna“ wurde aus dem Wort, eine Bezeichnung für das Himmelsbrot, mit dem Gott sie in der Wüste ernährte.

Moses gab ihnen klare Anweisungen, wie sie mit dem Himmelsbrot umzugehen hatten:
Das ist es aber, was der Herr geboten hat: Ein jeder sammle, so viel er zum Essen braucht, einen Krug voll für jeden nach Zahl der Leute in seinem Zelte.
Als sie versuchten, mehr zu sammeln, wurde alles schlecht und Würmer fraßen ihnen alles fort. Es ging nicht. Sie mussten sich darauf verlassen, täglich aus der Hand des Herrn ihr Brot zu bekommen. „Unser täglich Brot gib uns heute“, lässt Jesus uns im Vaterunser bitten.
Er mahnt uns: „Darum sorgt nicht für morgen, denn der morgige Tag wird für das Seine sorgen. Es ist genug, dass jeder Tag seine eigene Plage habe.“ (Matth. 6 V. 34)

Die Israeliten mussten damals lernen, sich ganz auf den Herrn zu verlassen! Das war der Schlüssel zu ihrem Leben in der Freiheit der Wüste.
Auch wir müssen lernen, dem Herrn zu vertrauen und uns auf seine Zusagen zu verlassen.
Ich kann Schätze sammeln und sie anhäufen. Es ist gut, nicht alles gleich zu verbrauchen, was man hat, und zu glauben, der Herr würde uns mühelos alles rechtzeitig geben, was wir nötig haben. Dann wird man uns sicher bald fragen: „Was glaubst du denn da? So blind kann man doch nicht sein!“
Es geht in unserem Predigttext nicht nur um unser täglich Brot. Es geht um unser ganzes Leben.
Im Vertrauen auf den Herrn kann man mutig in die Zukunft schauen.

Die Juden und auch viele Christen haben immer wieder schmerzhaft erfahren, dass sie nicht frei von Sorgen und Nöten blieben. Im Gegenteil, sie wurden oft hart auf die Probe gestellt. Aber sie haben immer wieder die nötige Kraft empfangen, Sorgen und Nöte im Vertrauen auf den Herrn zu ertragen und manchmal zu überstehen. Selbst Christus hatte im Garten Gethsemane Angst vor den kommenden Tagen, aber er erhielt die Kraft, freiwillig sein Ja einzulösen.
Der Herr wird uns nicht im Stich lassen, das haben die Israeliten erfahren und in ihrer Überlieferung nie vergessen, auch wenn sie durch ganz schwere Prüfungen gehen mussten.

Auch die jungen Christen machten die gleichen Erfahrungen und hatten die gleichen Fragen.
Wie ist das mit dem Glauben? Muss ich mich nicht erst dem Gesetz unterwerfen? Muss ich nicht erst alle Voraussetzungen erfüllen, bevor der Herr mir hilft? Muss man als Christ jeden Sonntag in die Kirche gehen? Was habe ich noch für weitere Aufgaben, wenn ich gläubig werde? Ist das nicht alles zu schwierig?

„Zur Freiheit hat Euch Christus befreit!“, ruft Paulus ihnen und uns zu. „So steht nun fest und lasst euch nicht wieder das Joch der Knechtschaft auflegen.“ (Gal.5 V. 1)
Ihr seid getauft, ihr seid Mitglieder in der Kirche des Herrn, schaut mutig in die Zukunft. Nein, der Gottesdienstbesuch ist keine Pflicht. Aber es gibt Menschen, die nach dem Wort Gottes hungert, die danach fragen, die neue Gedanken und die Gemeinschaft mit den Geschwistern wollen, denen es sehr viel bedeutet, gemeinsam Brot und Wein im Abendmahl zu sich zu nehmen.
„Man hu? Was ist das denn?“, mag mancher fragen. Aber Gottes Wort und Zuspruch will wie das Manna gesammelt und wie ein flüchtiger Vogel gefangen sein. Nein, der Zuspruch Gottes fliegt keinem von uns zu. Nur der, der hingeht,

die Botschaft hört und das Wort Gottes in der Schrift liest, der wird merken, dass in jedem Wort Gottes nährender Zuspruch steckt. Wer die Bröckchen sammelt, die kleinen Erlebnisse Tag für Tag, und sie nicht vergisst, der wird erkennen, wie Gott ihn ernährt.

Gottes Wege sind oft für uns Menschen seltsam, aber sie führen immer zu einem guten Ziel.

Ein Brief an Paulus

Römer 14 V. 10 – 13

Du aber, was richtest du deinen Bruder? Oder du, was verachtest du deinen Bruder? Wir werden alle vor den Richterstuhl Gottes gestellt werden. Denn es steht geschrieben (Jes. 45,23) So wahr ich lebe, spricht der Herr, mir sollen sich alle Knie beugen und alle Zungen sollen Gott bekennen. So wird nun jeder von uns für sich selbst Gott Rechenschaft geben. Darum lasst uns nicht mehr einer den anderen richten; sondern richtet vielmehr darauf euren Sinn, dass niemand seinem Bruder einen Anstoß oder Ärgernis bereite.

Einen Brief kann man auch beantworten und so kam mir ganz unwillkürlich eine Antwort an Paulus in den Sinn:

Lieber Paulus,
so einfach ist das Zusammenleben mit anderen Menschen nun wirklich nicht. Du stellst ganz schön hohe Anforderungen!
Weißt du, Paulus, kürzlich hatten wir eine Grillparty. So im Garten, wie man das im Sommer jetzt bei uns immer macht. Wir in Deutschland im fernen Germanien, wie lieben so etwas.
Das hat sicher etwas mit unserer Lebensart zu tun. Wir haben es nie fertig gebracht, so zu Tische zu liegen, wie Ihr Römer das getan habt. Wir mögen unser Essen am liebsten handfest am Feuer mit einem Bier in der Hand. Dann kommen die besten Gespräche auf. Ihr Römer habt doch auch bei Tisch umfangreiche Gespräche geführt. Jedes Volk hat seine Sitten und am Essen und Trinken, da scheiden sich die Geister. Das ist damals wie heute so.
„Der Mensch ist, was er isst", heißt es in einem Sprichwort und so ist es wohl auch.

So eine Grillparty ist eine schöne Angelegenheit, Paulus. Leckere Sachen liegen dann auf dem Grill: Steaks und Wurst und natürlich auch Gemüse, denn man weiß ja, was sich gehört. Vor allem Grillen: das ist Männersache!

Als es daran ging, sich sein Essen zu holen, da gab es eine Überraschung: Ein Nachbar, den wir eigentlich ganz gut kannten, wollte kein Fleisch, er lehnte das saftige Steak ab. Er sei Vegetarier aus Achtung vor der Schöpfung, sagte er. Kannst du dir das vorstellen, Paulus?

Was, das kannst du? Bei Euch war das auch schon so?

Die einen aßen Fleisch, das sie auf dem Markt gekauft hatten, und die anderen hatten Angst, das Fleisch wäre von Opfertieren und deshalb dürfe man als Christ nicht davon essen?

Und darüber gab es dann Streit in der Gemeinde?

Das kann ich verstehen. Bei uns war plötzlich die ganze Stimmung raus. Kein Fleisch aus Achtung vor der Schöpfung? Ich weiß, die Muslime essen kein Schweinefleisch und den Hindus sind die Kühe heilig. Die Menschen sind halt verschieden. Aber das man so ein Theater daraus macht!

Meine Frau meint, wir hätten halt vorher fragen sollen, was jeder gerne isst. Aber wir sind doch gar nicht auf die Idee gekommen, dass es so verschiedene Geschmäcker gibt.

Nein, es war gar nicht so einfach, wieder ins Gespräch zu kommen, wenn der eine ein Steak isst und der andere an einem gegrillten Maiskolben nagt. So etwas trennt die Menschen, ob man will oder nicht. Man will doch gemeinsam Spaß haben.

Als wir alle eine Zeitlang betreten vor uns hingemümmelt hatten, fragte eine Frau plötzlich: „Warum grillen wir eigentlich?Geht es um das Essen oder geht es darum, einmal fern von allen Alltagsproblemen gemeinsam am Feuer zu sitzen? Sind wir nun Nachbarn oder nicht?“ Ganz laut ist sie bei der letzten Frage geworden.

„Natürlich sind wir Nachbarn", haben wir geantwortet. „Dann benehmt Euch auch so!", hat sie gemeint. Als ich den Predigttext las, hatte ich das Gefühl, sie habe deinen Brief gelesen!
Soweit meine Antwort an Paulus.

Diese Gedanken gingen mir durch den Kopf, als ich den Text las, der, wie man sieht, erstaunlich aktuell ist. Durch all die Jahrtausende haben wir Menschen uns nicht geändert. Es ist schwierig, echte Gemeinschaft zu haben, ob in der Nachbarschaft oder in der Gemeinde, wo es doch eigentlich anders sein sollte. Brüder und Schwestern im Herrn sollen wir sein und kennen uns doch viel zu wenig.
Bei Festen und im Hauskreis lernt man sich besser kennen und verstehen. Wie leicht urteilen wir über den einen oder anderen.
Klatsch nennt man das auch wohl und wie viel wird da manchmal geredet! Das ist in jeder Gemeinschaft so, aber hüten wir uns, über den anderen zu urteilen.
Wir sind Geschwister im Glauben und mir kommt wieder die resolute Nachbarin in den Sinn, die mit ihren treffenden Worten unsere Grillparty rettete: „Dann benehmt Euch auch so!"

Wie benehmen sich Geschwister im Glauben, Christen, liebe Gemeinde?
Als die junge christliche Gemeinde in Karthago wegen angeblich staatsfeindlicher Tendenzen angegriffen wurde, verteidigte sie der Schriftsteller Tertullian mit dem Hinweis: „Sieh, wie haben sie einander so lieb!" Ihm war aufgefallen, wie offen und herzlich es unter den Christen zuging. Und vielleicht war es diese Erfahrung, die ihn bewog, (um das Jahr 190) selber Christ zu werden.
Johannes, der Evangelist, schreibt Jesu Worte beim letzten Abendmahl auf:

„Und ein neues Gebot gebe ich euch, dass ihr euch untereinander liebt, wie ich euch geliebt habe, damit Ihr einander lieb habt. Daran wird man erkennen, dass ihr meine Jünger seid, wenn ihr Liebe untereinander habt.“ (Joh. 13, V. 34 u. 35) Der Gemeinde in Karthago war es gelungen, so zu leben, wie der Herr es fordert, der Gemeinde in Rom noch nicht. Daran kann man keine Gemeinde messen, sonst beginnen wir wieder zu urteilen und zu richten.

Paulus richtet deshalb unseren Blick auch auf Jesus Christus. Wir alle werden einmal vor seinem Richterstuhl stehen. Und dann?
Wir werden alle vor den Richterstuhl Gottes gestellt werden. Denn es steht geschrieben (Jes. 45,23) So wahr ich lebe, spricht der Herr, mir sollen sich alle Knie beugen und alle Zungen sollen Gott bekennen. So wird nun jeder von uns für sich selbst Gott Rechenschaft geben, schreibt Paulus an die römische Gemeinde.
Dann können wir uns nicht mehr verbergen oder verstecken. Dann wird uns selbst jedes Wort, das wir gesprochen haben, richten. Unser Gedächtnis ist erstaunlich genau. Manchmal wundert man sich, an was wir uns nach langer Zeit noch erinnern können. Ja, ich glaube, dass sich dann alle Knie beugen werden, weil wir bekennen müssen, dass wir vor Gott nichts bringen können. Was gelten all meine beruflichen Erfolge und mein Hab und Gut vor dem Richterstuhl Christi? Da kann ich mir keinen Anwalt kaufen, der mich rausboxt oder die Verhandlungen hinzieht. Dann muss ich selber für mich geradestehen und erkennen, was ich gut und was ich falsch gemacht habe.

Wie gern verstecken wir uns in einer Gruppe! In der Gemeinde in Rom war das nicht anders. Die einen nannten sich gar die „Starken“ und schauten auf die „Schwachen“ herab, die es lieber mit dem mosaischen Gesetz ganz genau nahmen.

Paulus macht es wie ein guter Pädagoge angesichts einer verstrittenden Gruppe. Er sagt nicht: „Wie kommt ihr dazu, einander zu verachten und zu richten. Er zeigt gleichsam mit dem Finger auf den Einzelnen und holt ihn aus der Anonymität der Gruppe heraus. „Ihr seid doch alle Kinder Gottes. Was werdet ihr antworten, wenn Jesus euch nach eurem Bruder oder nach der Schwester fragt?“

Was werde ich antworten? Es ist sicher nicht einfach vor einem Richterstuhl zu stehen, aber alles wird leichter wenn ich ein Hilfe kenne und sie anwende: Die Botschaft von der Vergebung!

Was vergeben wurde, das ist vergessen und existiert nicht mehr. Vergeben und vergessen, macht das Leben miteinander viel einfacher. Dann ist es leichter, einander anzunehmen. Dann kann die Liebe wirken und Menschen zusammenbringen.

Jesus Christus liebt uns und liebevoll werden seine Augen auf uns ruhen, wenn wir vor ihm stehen. Nicht Furcht und Strafe gehen von diesem Richterstuhl aus, sondern Liebe. Das heißt nicht, dass alles, was wir falsch gemacht haben, unter den Tisch gekehrt wird! Das ist nicht liebevoll. Gott, der uns das Leben geschenkt hat, will nicht, dass wir in unserer Entwicklung stehen bleiben. „Bleib so, wie du bist“, das ist kein guter Rat!

Wie der Gärtner einem Baum durch viele einzelne Handgriffe zu seiner endgültigen Gestalt verhilft, so wirkt Gott an uns. Und er tut es durch Ereignisse und durch Menschen. Es ist keine liebevolle Erziehung, wenn man alles durchgehen lässt. Menschen, die so erzogen wurden, sind tatsächlich schwach. Wir sollen Entwicklungshelfer sein. Konflikte sind unvermeidlich, aber es ist wichtig, dass wir bei der Aufarbeitung der Konflikte geduldig einander zuhören und gemeinsam nach Lösungen suchen.

Paulus mahnt die Gemeinde: *Darum lasst uns nicht mehr einer den anderen richten; sondern richtet vielmehr darauf euren Sinn, dass niemand seinem Bruder einen Anstoß oder Ärgernis bereite.*

Das heißt nicht, dass wir einander nur loben und bestätigen sollen, sondern dass wir darauf achten, andere durch unser Reden und Handeln nicht zu verunsichern und im Glauben irre zu machen.

Der Brief des Paulus will uns ermutigen, als Ehepartner, als Eltern und Kinder, als Nachbarn und Kollegen und als Gemeindemitglieder wieder bewusst aufeinander zuzugehen und uns füreinander zu öffnen.

Im ehrlichen Gespräch und im geduldigen Zuhören kann es geschehen, dass wir einander ganz neu wahrnehmen, einander tiefer verstehen und voneinander lernen. Das braucht Zeit und es muss immer wieder geschehen. Dafür ist es unerlässlich, dass man zusammenkommt und miteinander redet. Der sonntägliche Gottesdienst ist eine gute Gelegenheit dazu. Wenn man sich dann noch ein bisschen Zeit nimmt, nach dem Gottesdienst ein paar Worte zu wechseln, dann ist das sehr hilfreich. Viele Gemeinden bieten deshalb auch das Kirchencafe´ an. Gemeindefeste, Gruppen und Kreise sind weitere Möglichkeiten sich kennen zu lernen. Wir kommen besser miteinander aus, wenn mehr miteinander als übereinander geredet wird. Dann können auch Gerüchte und Gerede viel weniger Schaden anrichten. Man kann auf vielerlei Weise hören und reden, gerade in der modernen Zeit mit Handy und Telefon und den vielen anderen Medien, aber nichts ersetzt das persönliche Gespräch. Wir sind Menschen und wir brauchen die Gemeinschaft. Wir sind Christen und deshalb brauchen wir es, immer wieder gemeinsam vor Gott zu treten und uns gegenseitig im Glauben durch Singen, Beten und das Wort Gottes zu stärken. Das war damals zur Zeit des Paulus genau so, und das hat sich bis heute nicht geändert.

„Ein wenig Sport kann die negativen Auswirkungen der Schreibtischarbeit ausgleichen“, sagte mein Physiotherapeut einmal mahnend. Das gilt für den

Körper. Wie viel nicht nur Positives strömt auf unseren Geist ein? Ständig werden wir angesprochen und berieselt. Auch das ist eine große Belastung, der wir etwas entgegensetzen müssen, um nicht Schäden davon zu tragen. Körper und Geist sind nicht unbegrenzt belastbar!
Beide brauchen es, dass wir Innehalten, das wir entspannen, dass wir uns wieder neu auf unser ewiges Ziel ausrichten und dann aufs Neue mit der Arbeit beginnen, die nun einmal getan werden muss.

Nur dann kann die Liebe Jesu Christi, die wir in unserem Leben erfahren, zur Grundlage unseres Lebens und zur Grundlage einer Gemeinde werden.

Zum Schluss möchte ich noch einmal das Wort an Paulus richten, der unseren Predigttext vor 2000 Jahren schrieb:

Lieber Paulus, du hast deinen Brief vor langer Zeit an die Gemeinde in Rom geschrieben.
Aber wie ich dich kenne, wird es dich nicht wundern, wenn du heute eine Antwort aus dem fernen Germanien bekommst. Dein Brief hat uns heute erreicht und wir haben uns sehr gewundert, wie aktuell deine Worte auch heute noch sind.
Darf ich annehmen, dass du sagen würdest: „Mich wundert das nicht, denn es sind nicht meine Worte. Es ist Gottes Wort und sein Wort ist immer gültig, gestern, heute und auch morgen!“

Begegnung nach einer erfolglosen Nacht

Joh.21 V. 1 - 14

Danach offenbarte sich Jesus abermals den Jüngern am See Tiberias. Er offenbarte sich aber so:

Es waren beieinander Simon Petrus und Thomas, der Zwilling genannt, und Natanael aus Kana in Galiläa und die Söhne des Zebedäus und zwei andere seiner Jünger. Spricht Simon Petrus zu ihnen: ich will fischen gehen. Sie sprechen zu ihm: So wollen wir mit dir gehen. Sie gingen hinaus und stiegen in das Boot, und in dieser Nacht fingen sie nichts.

Als es aber schon Morgen war, stand Jesus am Ufer, aber die Jünger wussten nicht, dass es Jesus war. Spricht Jesus zu ihnen: Kinder, habt ihr nichts zu essen?

Sie antworteten ihm: Nein.

Er aber sprach: Werft das Netz aus zur Rechten des Bootes, so werdet ihr finden. Da warfen sie es aus und konnten nicht mehr ziehen wegen der Menge der Fische.

Da spricht der Jünger, den Jesus lieb hat, zu Petrus: Es ist der Herr!

Als Simon Petrus das hörte, dass es der Herr war, gürtete er sein Obergewand um und warf sich ins Wasser.

Die anderen Jünger aber kamen mit dem Boot, denn sie waren nicht fern vom Land, nur etwa 200 Ellen, und zogen das Netz mit den Fischen.

Als sie nun an Land stiegen, sahen sie ein Kohlenfeuer und Fische darauf und Brot. Spricht Jesus zu ihnen: Bringt von den Fischen, die ihr jetzt gefangen habt! Simon stieg hinein und zog das Netz an Land, voll großer Fische, hundertdreiundfünfzig. Und obwohl es so viele waren, zerriss doch das Netz nicht.

Spricht Jesus zu ihnen: Kommt und haltet das Mahl! Niemand aber unter den Jüngern wagte ihn zu fragen: Wer bist du? Denn sie wussten, dass es der Herr

war. Da kommt Jesus nimmt das Brot und gibt's ihnen, desgleichen auch die Fische.
Das ist nun das dritte Mal, dass Jesus den Jüngern offenbart wurde, nachdem er von den Toten auferstanden war.

Alle guten Dinge sind drei. So sieht es wohl auch Johannes, der Evangelist und setzt ans Ende seines Evangeliums noch eine weitere Ostergeschichte. Eigentlich könnte man das 20. Kapitel seines Evangeliums für den Schluss halten. Jesus offenbart sich seinen Jüngern und sendet sie aus. Wenn irgendwo noch Zweifel waren, dann werden sie bei der zweiten Begegnung beseitigt, denn Thomas darf die Hand in die Seite des Auferstandenen legen und auch die Wundmale in seinen Händen spüren. Damit ist alles klar: Jesus Christus ist auferstanden und mit dieser Botschaft sollen die Jünger in alle Welt gehen und sie weitersagen.
Eigentlich ist alles klar, aber… Eben das beschäftigt den Evangelisten auch. Ostern ist ein wunderbares Fest. Viele hübsche Bräuche haben sich in den vergangenen Jahrhunderten rund um das Auferstehungsfest angesiedelt, vom Osterhasen, Ostereiern, Osterschmuck bis zu den Osterfeuern. Aber wenn Ostern vorbei ist? Geht man dann wieder zum Alltag über, bis das nächste Fest kommt?

Name des Sonntags Quasimodogeniti heißt übersetzt: *„wenn ihr nicht werdet wie die Kinder."* Petrus schreibt in seinem Brief ganz ähnlich und spricht von den „neugeborenen Kindern". Man nennt diesen Sonntag auch den „Weißen Sonntag", denn in der alten Kirche war es der wichtigste Taufsonntag der Christenheit. Aus der Osterbotschaft ergibt sich die Antwort: „Ich glaube an den Auferstandenen!" Wer das sagen kann, der ist bereit getauft zu werden und mit Jesus Christus ein neues Leben anzufangen.

Früher zogen die Neugetauften in weißen Kleidern durch die Straßen und bezeugten so, dass sie die Osterbotschaft für ihr Leben angenommen hatten. Ja, sie demonstrierten ihren Glauben an Jesus Christus, sein Sühnopfer und seine Auferstehung. Sie waren neugeboren aus Wasser und Geist, rein wie unschuldige Kinder und trugen deshalb auch die weißen Kleider.
„Wir sind Kinder Gottes“, bezeugten sie im Glaubensbekenntnis, das öffentlich gesprochen wurde. Wir leben ab jetzt unter ganz anderen Voraussetzungen.
Das war und ist eine mutige Entscheidung, die sich aus Ostern ergibt. Die Botschaft von der Auferstehung ist so großartig, dass man nicht einfach zum Alltag übergehen kann. Der Tod ist überwunden, die Schranke zwischen Gott und den Menschen gibt es nicht mehr! Wir Menschen dürfen uns Gott nahen, ihn Vater nennen und uns bei ihm geborgen wissen.
Auch wir werden einmal auferstehen und in die himmlische Heimat zurückkehren dürfen. Wenn wir bereit sind, diese Botschaft anzunehmen, dann verändert sie die Grundlagen unseres Lebens,. Das gibt Kraft den Alltag zu meistern und lenkt den Blick über den irdischen Horizont hinaus.
Es waren erwachsene Menschen, die sich als neugeboren, als Kinder Gottes empfanden.

Als es aber schon Morgen war, stand Jesus am Ufer, aber die Jünger wussten nicht, dass es Jesus war. Spricht Jesus zu ihnen: Kinder, habt ihr nichts zu essen?
Vergessen wir für einen Augenblick, dass es sich bei den Jüngern um gestandene Männer handelt und betrachten sie als eine Kinderschar, wie wir sie hin und wieder auf der Straße und auf dem Spielplatz erleben.
Der Anführer sagt: „Ich habe eine tolle Idee! Ich gehe fischen!“ Und die ganze Gruppe stimmt ein: „Wir gehen mit“. Genauso geht das in einer Kindergruppe zu und so erzählt es Johannes:

Es waren beieinander Simon Petrus und Thomas, der Zwilling genannt und Natanael aus Kana in Galiläa und die Söhne des Zebedäus und zwei andere seiner Jünger. Spricht Simon Petrus zu ihnen: Ich will fischen gehen. Sie sprechen zu ihm: So wollen wir mit dir gehen. Sie gingen hinaus und stiegen in das Boot, und in dieser Nacht fingen sie nichts.
Das ist Arbeit und kein Spiel, aber es ist auch nicht Alltag. Sieben Jünger sind da zusammen. Die Zahl sieben ist eine der Heiligen Zahlen und bedeutet immer „alle". Sie tun das, was sie gelernt haben, aber ihre Mühe bleibt vergeblich, denn es ist nicht mehr ihre Aufgabe, am See Genezareth zu fischen. Das haben sie hinter sich gelassen, als sie Jesu Ruf in die Nachfolge annahmen. Damals waren sie Fischer, jetzt sind sie wie Kinder, die einer guten Idee folgen.
Man kann seinen Alltag nicht einfach weiterleben, wenn einen Menschen die Osterbotschaft erreicht hat.

Die ganze Nacht fischen sie erfolglos, dabei sind sie schon lange Fischer am See. Sie wissen, wo die Fische stehen, die immer den heißen Quellen nachschwimmen, weil der See sehr kalt ist. Sie kennen die Lieblingsstellen der Petrusfische und werfen dort ihre Netze aus. Aber in jener Nacht sind alle Mühen vergeblich. Das ist schlimm, aber so etwas kennen auch wir im täglichen Leben. Lange nicht jedes Projekt führt zum Erfolg und längst nicht jede Bewerbung bringt den gewünschten Arbeitsplatz. Wenn das so einfach wäre! Da hilft auch Berufserfahrung und Lebenserfahrung nichts. Immer wieder erleben wir, dass unser Netz leer bleibt. Das gilt sogar für die Kirche. Gern wären wir mehr Jünger und Jüngerinnen Jesu im Werk des Herrn. Seine Botschaft ist so großartig. Wir sind doch alle Christen und trotzdem sind nur relativ wenige in den Gottesdiensten. „Wo der Herr nicht das Haus baut, arbeiten die Menschen umsonst. Wo der Herr nicht wacht, da wacht der Wächter umsonst!" (Ps. 127, V. 1) So erfährt es der Psalmist in seinem Leben und so erfahren es auch die Jünger auf dem See Genezareth. Es liegt kein Segen auf ihrem Tun. Sie arbeiten hart,

aber an der falscher Stelle. Wenn das so einfach wäre, die richtigen Stellen zu finden, damit das Netz voll wird und Arbeit ihren Lohn in sich trägt.
Eine lange, erfolglose Nacht macht mutlos! Wie erleichtert waren sie, als Petrus vorschlug: *„Kommt, wir gehen fischen!“* Das schien so sinnvoll zu sein. Wozu waren sie Fischer geworden? War es nicht das Beste, da wieder anzufangen, wo sie vor ihrer Berufung aufgehört hatten?

Die Antwort des Herrn aber ist ganz anders. Er lässt sie nicht allein.
Auch am Ufer unserer Mutlosigkeit steht Jesus Christus. Wenn wir nicht wissen, wie es weitergehen soll, dann ist er da. Wir spüren einfach, das uns jemand nahe ist, so wie die Jünger an jenem Morgen.
Als es aber schon Morgen war, stand Jesus am Ufer, aber die Jünger wussten nicht, dass es Jesus war, so erzählt Johannes, als derjenige, der dabei gewesen ist. „Wir wussten nicht, wer das war“, berichtet er weiter. „Keiner hat ein Wort gesagt, keiner von uns hat gewagt zu fragen. Wir waren abwartend, denn wir ahnten, dass es Jesus sei, aber alles war so anders als sonst.“

Spricht Jesus zu ihnen: Kinder, habt ihr nichts zu essen?
So hat Jesus seine Jünger eigentlich nie angesprochen. Er nannte sie beim Namen, aber nicht „Kinder!“
„Wenn ihr nicht werdet, wie die Kinder, dann könnt ihr nicht in das Reich Gottes kommen“, hat Jesus einmal gesagt. (Luk.18, V. 17)
Kinder fragen nicht immer. Sie schauen mit großen Augen und warten ab.
„Habt ihr nichts zu essen?“
Das ist die Frage nach der Lebensgrundlage. Wir brauchen täglich Nahrung. „Unser tägliches Brot gib uns heute“, beten wir. Bei einem Bäcker las ich: „Altes Brot ist nicht hart. Kein Brot, das ist hart!“ Ich kenne sehr wohl noch die Zeit, wo man nichts zu essen hatte.

In dem „Nein" der Jünger klingt sehr viel mit: Wir haben nichts! Wir haben die ganze Nacht gefischt und nichts gefangen.
Warum erklären sie das nicht? Warum bekommen sie den Mund nicht auf und klagen ihre Not?
Weil sie spüren, dass dieser Mann am Ufer weiß, was ihnen fehlt, dass man ihm nichts erklären muss und weil sie seine Anwesenheit sprachlos macht.

Dann gibt Jesus ihnen einen Auftrag, der eigentlich sehr erstaunlich ist:
Er aber sprach: Werft das Netz aus zur Rechten des Bootes, so werdet ihr finden. Da warfen sie es aus und konnten nicht mehr ziehen wegen der Menge der Fische.
Die Fischer warfen das Netz normalerweise auf der linken Seite aus, um mit der rechten Hand besser ziehen zu können. „Macht es anders als gewöhnlich", rät Jesus ihnen. „Lasst eure Erfahrung einmal beiseite und verlasst euch auf mein Wort!" Schon einmal hatten sie sich ganz auf ihre Erfahrung verlassen und die ganze Nacht erfolglos gearbeitet und dann sandte Jesus Petrus und seine Freunde am Morgen hinaus auf den See. Petrus sagte damals: „Meister, wir haben die ganze Nacht nichts gefangen, aber auf dein Wort hin will ich die Netze auswerfen!" (Luk. 5, V. 5)
Verstehen die Jünger immer noch nicht, wem sie da begegnen?
Ich denke, ihnen war lange klar, wer dort am See stand, aber sie brauchten Zeit, zu realisieren, was da wirklich geschah. Viele Dinge klären sich erst im Tun.
So manches Mal spüren wir, dass sich etwas Großes vorbereitet, aber erst im Handeln wird es Realität. Wir sagen oft: „Die Dinge müssen reifen!" In dieser Geschichte ist es genauso. Alles braucht seine Zeit.

Als das Netz voll von Fischen ist, sagt Johannes zu Petrus: *„Es ist der Herr!"*
Johannes, der Jünger, der die engste Beziehung zu Jesus hat, wagt auszusprechen, was alle lange wissen. Er sagt es zu Petrus, dem Anführer der

Gruppe, zu dem Mann, auf dem Jesus seine Kirche aufbauen will, zu dem, auf den sie alle schauen.

Petrus antwortet mit einer erstaunlichen Handlung:

Als Simon Petrus das hörte, dass es der Herr war, gürtete er sein Obergewand um und warf sich ins Wasser.

Als Fischer arbeitete er mit nacktem Oberkörper, um seine Kleidung nicht zu beschmutzen, aber so kann man Jesus nicht begegnen, in dieser Arbeitskleidung will er Gott nicht gegenübertreten. Er wirft sein Obergewand über und springt ins Wasser. Mit voller Kleidung!

Das ist so typisch für Petrus und das mag ich so an ihm. Nun kann er es nicht mehr abwarten, seinen Meister zu begrüßen. Das schwere Boot mit den Fischen ist ihm viel zu langsam. Im Überschwang der Gefühle springt er ins Wasser und watet an Land.

Johannes erzählt nichts von der Begegnung zwischen Jesus und Petrus. Ich könnte mir vorstellen, dass er sich ihm zu Füßen warf und sagte: „Ich bin ein sündiger Mensch! Ich habe dich nicht erkannt. Vergib mir!"

Johannes lässt uns in seiner Erzählung mit den anderen ans Ufer kommen:

Die anderen Jünger aber kamen mit dem Boot, denn sie waren nicht fern vom Land, nur etwa 200 Ellen, und zogen das Netz mit den Fischen.

Etwa 70 Meter waren sie vom Land entfernt und nun landen sie am Ufer. Alles ist so ungewohnt.

Als sie nun an Land stiegen, sahen sie ein Kohlenfeuer und Fische darauf und Brot.

Das Kohlebecken ist ungewöhnlich, denn es gehört nicht an das Ufer des Sees. Um Fische zu braten, suchte man Holz und machte damit ein kleines Feuer. Ein Kohlebecken stand im Tempel und auf ihm brachte der Hohepriester das Räucheropfer dar. Das, was die Jünger nun sehen, ist eine ganz besondere

Offenbarung für sie. Auf dem heiligen Feuer ist das Mahl für sie bereitet. Jesus steht da als der wahre Hohepriester Gottes in Ewigkeit und lädt zum Essen ein. Dies ist kein gewöhnliches Essen. Es ist ein heiliges Mahl.

Spricht Jesus zu ihnen: Bringt von den Fischen, die ihr jetzt gefangen habt! Simon stieg hinein und zog das Netz an Land, voll großer Fische, hundertdreiundfünfzig. Und obwohl es so viele waren, zerriss doch das Netz nicht.

Aber Jesus teilt nun nicht einfach nur aus, sondern fordert sie auf von den Fischen zu bringen, die sie gefangen haben. Er achtet ihre Arbeit. Sie haben auf sein Wort hin die Netze nochmals ausgeworfen und gefangen. Er könnte sie mit der Speise versorgen, die er vorbereitet hat, aber er will, dass sie den Erfolg ihrer Arbeit zu ihm bringen.

Jesus Christus achtet unser Bemühen. Er könnte uns alles schenken, denn ihm steht alles zur Verfügung, aber er möchte das wir uns bemühen, dass wir säen und ernten und unsere Ernte ihm geben, damit er sie austeilen kann.

Wieder ist es Simon Petrus, der das Netz einholt. Das Gesamtbild ist ein schönes Symbol für die Kirche: 153 verschiedene Völker kannte man damals in der antiken Welt. Genauso viele Fische sind im Netz. Simon, der Leiter der Kirche, fängt sie alle im Netz Christi, auf dessen Wort hin. Johannes weist hier auf die neue Aufgabe hin, die Jesu Jünger erhalten. Sie sollen Menschenfischer sein und alle Völker zum Glauben an Jesus Christus bringen. Christi Kirche vereint alle Völker der Welt in einem einzigen Netz. Sie alle gehören zu Jesus Christus, so verschieden die Menschen auch sein mögen. Sein Netz hält.

Spricht Jesus zu ihnen: Kommt und haltet das Mahl! Niemand aber unter den Jüngern wagte ihn zu fragen: Wer bist du? Denn sie wussten, dass es der Herr war. Da kommt Jesus nimmt das Brot und gibt's ihnen, desgleichen auch die Fische.

Und dann teilt Jesus Brot und Fische aus und gibt ihnen zu essen. Aus seiner Hand empfangen sie das tägliche Brot. Der Fisch war zur Zeit des Johannes das Geheimzeichen für Jesus Christus, denn der Fisch spielt im Evangelium eine große Rolle. Ichthys, die griechische Bezeichnung für Fisch ergab die Anfangsbuchstaben für die Worte: Jesus Christus, Sohn Gottes, Erlöser der Welt. Jesus gibt sich seinen Jüngern symbolisch zur Speise, wie wir es auch im Heiligen Abendmahl feiern mit Brot und Wein. Bei uns sind die Symbole anders, aber gemeint ist das Gleiche. Jesus Christus gibt sich selbst als Nahrung für unser Leben. Er gibt Kraft zu leben, zum ewigen Leben.

Das wird ganz besonders deutlich, wenn der Pfarrer die liturgischen Worte spricht: „Das soll dich stärken zum ewigen Leben."

Das ist nun das dritte Mal, dass Jesus den Jüngern offenbart wurde, nachdem er von den Toten auferstanden war. So endet unser Predigttext.

Wir Menschen brauchen es, wichtige Dinge dreimal zu hören. Das mag eigenartig sein, aber es ist so. Die Zahl drei spielt dabei eine ganz wichtige Rolle. Im Namen des Vaters und des Sohnes und des Heiligen Geistes feiern wir unseren Gottesdienst.

Dreimal bezeugt Johannes die Begegnung des auferstandenen Herrn mit seinen Jüngern:

Das erste Mal am Abend nach Jesu Auferstehung, das zweite Mal eine Woche später, als Thomas dabei war, und das dritte Mal am See Genezareth, als er der Auferstandene seine Jünger stärkte und ihnen den Auftrag gab, in alle Welt zu gehen und das Evangelium zu verkündigen.

Gott hat viel Geduld mit uns. Er sieht unser Bemühen und achtet unsere Arbeit. Es ist ihm nicht gleich, wie oft wir erfolglos arbeiten und kämpfen. Am Ufer unserer Mutlosigkeit steht Jesus Christus und hilft uns weiter. Am Morgen nach einer langen Nacht ist er da und weist den Weg in einen neuen Tag.

Martha und Maria

Luk. 10 V. 38 -42

Und als sie weiterzogen, kam er in ein Dorf. Da war eine Frau namens Martha, die nahm ihn auf. Und sie hatte eine Schwester, die hieß Maria; die setzte sich dem Herrn zu Füßen und hörte seiner Rede zu. Martha aber machte sich viel zu schaffen, ihm zu dienen. Und sie trat herzu und sprach: Herr fragst du nicht danach, dass mich meine Schwester lässt alleine dienen? Sag ihr doch, dass sie mir helfen soll! Der Herr aber antwortete und sprach: Martha, Martha du hast viel Sorge und Mühe. Eins aber ist Not. Maria hat das gute Teil erwählt, das soll nicht von ihr genommen werden.

Martha und Maria waren Schwestern. Haben Sie auch Geschwister? Oder haben Sie bei Ihren Kindern beobachtet, wie Geschwister so sind? Nicht ein Kind gleicht dem anderen. Jedes hat seine eigene Persönlichkeit und seine Rolle in der Familie. Welche Rolle hatten Sie? Waren Sie der Liebling, der alles durfte und auf den die Geschwister neidisch geschaut haben, oder standen Sie ganz im Schatten und die anderen wurden vorgezogen? Haben Sie sich in der Geschichte der beiden Schwestern wiedergefunden?

Es ist eine wunderbare Eigenschaft der Bibel, dass sie in unser Leben sprechen kann. Heute stellt sie uns Martha und Maria als beispielhafte Personen vor, an denen so viel deutlich wird.

Die beiden Frauen sind aus dem gleichem Holz, auch wenn sie sehr unterschiedlich zu sein scheinen. Was sie tun, das tun sie aus ganzem Herzen.

Martha ist so eine Art „barmherziger Samariter“. Sie sieht Jesus und seine zwölf Jünger. Sie erkennt, dass die Männer müde und hungrig sind und lädt sie in ihr Haus ein. Das ist ein große Gesellschaft.

Alle Achtung Martha! Man bedenke, dass es damals keine Fertiggerichte und keine Tiefkühltruhen gab. Alles musste von Hand gerichtet werden. Wir erfahren keine Einzelheiten über mögliche Bedienstete und die Größe des Hauses, denn das ist für die Botschaft unseres Textes nicht wichtig. Es geht um zwei Frauen mit ganz unterschiedlichen Interessen.

In der Kirchengeschichte hat man Maria und Martha gern mit den beiden Schwerpunkten der Kirche verglichen und daraus allegorische Figuren gemacht: die Theologie und die Diakonie.

Beides sind Aufgaben der Kirche: Gott zu verkünden und den Menschen zu dienen. Was aber ist wichtiger?

Eben noch ließ Lukas Jesus in einem Gleichnis erzählen, wie Kirchendiener an der Not des überfallenen Mitmenschen vorübergehen. Nun wird von einer Frau berichtet, die zupackt und Not lindert. Ist das nun auch nicht richtig?

Martha ist ein Tatmensch und wagt es, die große Gruppe in ihr Haus einzuladen. Jesus nimmt ihre Einladung an und kehrt bei ihr ein.

Jesus braucht Menschen der Tat. Die Diakonie ist eine der ganz großen Aufgaben der Kirche. Es gibt so viel Not und Elend auf der Welt. Wir brauchen Menschen, die das sehen und einfach helfen. Die Kirche braucht Menschen, die einladen. Ich denke auch an unsere Kirchencafe´ s und an die vielen Frauen, die dort helfen und dienen.

Mein Großvater war Pfarrer in der Uckermark und hatte eine große Familie. Seine Frau und er hatten elf Kinder und oft genug war der Tisch nur spärlich gedeckt. Trotzdem war das Haus stets offen für Gäste. Ein Platz an dem langen Tisch im Pfarrhaus wurde immer für Jesus Christus freigehalten. Dort haben viele arme Leute gesessen und mitessen dürfen. Alle Achtung vor meiner Großmutter und allen anderen Marthas, die Jesus in Gestalt notleidender Menschen zu sich einladen.

Martha ist eine Frau, die sich in der Männerwelt von damals behauptet, und etwas darstellt. Sie ist eine Frau mit Herz und Hand und dadurch etwas ganz Besonderes.

Und Maria? Sie ist der stillere Teil in diesem Geschwisterpaar.
Und sie hatte eine Schwester, die hieß Maria; die setzte sich dem Herrn zu Füßen und hörte seiner Rede zu, lesen wir bei Lukas.
Auch jetzt, wo Gäste im Haus sind, übernimmt Maria nicht die Rolle der Dienerin oder gar der Hausfrau, sondern setzt sich zu den Männern, wenn auch an einen ganz bescheidenen Platz. Sie setzt sich zu Jesu Füßen, wo normalerweise Kinder ihren Platz haben. Bis in unsere Zeit hatten die jungen Leute auf den Höfen bis zur Konfirmation keinen Platz am Tisch, sondern saßen getrennt von den Erwachsenen. Vielleicht kennen Sie noch den sogenannten „Katzentisch“, an dem die Kinder saßen, auch um das Gespräch der Erwachsenen nicht zu stören.
Die Gesellschaft der Antike war eine Männerwelt, in der sich eine Frau aber sehr wohl behaupten konnte, wenn sie ein eigenes Haus zu führen verstand. Gespräche und Diskussionen waren aber den Männern vorbehalten.
Maria setzt sich deshalb nicht zu den Männern oder liegt gar mit ihnen zu Tisch. Das würde sich nicht schicken. Sie setzt sich an den Platz, den keiner beansprucht, zu Jesu Füßen.
Jesus lehrt und Maria hört zu. Sie stellt keine Fragen wie die Jünger, sondern ist einfach da und hört auf sein Wort. Sie ist ganz gefangen von dem, was sie da hört und bleibt sitzen, auch wenn ihre große Schwester sie sicherlich auffordernd anschaut, um sie zur Mithilfe zu bewegen. Das dürfen wir vermuten, denn sonst würde Martha wohl kaum Jesus ansprechen. So aber wendet sie sich an die Autorität im Raum und bittet um Unterstützung.
Und sie trat herzu und sprach: Herr fragst du nicht danach, dass mich meine Schwester lässt alleine dienen? Sag ihr doch, dass sie mir helfen soll!

Es geht bei Marthas Anfrage um weit mehr als nur um Marias Verhalten. Es geht darum zu entscheiden, was nun wichtiger ist: Arbeiten oder Zuhören.
„Die Arbeit tut sich jedenfalls nicht von allein!“, würde Martha sagen. Aber Zuhören? Kann man das so nebenbei? Bekommt man dann alles mit?
Was erwartet Marta? Das Jesus sagt: „Komm Maria, du hast mir lange genug zugehört, nun aber an die Arbeit?“ Dass er der jungen Frau ihren Platz zuweist?
Das tut Jesus nicht. „Lasset die Kindlein zu mir kommen und wehret ihnen nicht!“, sagt Jesus an anderer Stelle. (Matth. 19, V. 14) „Lasst alle diejenigen zu mir kommen, denen ihr einen solchen Platz eigentlich nicht zugestehen wollt“, könnte die Antwort Jesu bedeuten. Er weiß sehr wohl, dass Martha recht hat im Sinne der gesellschaftlichen Regeln, aber bei Jesus gilt es eine andere Ordnung. Er stellt gern das Weltbild auf den Kopf.
Er antwortete und sprach, schreibt Lukas weiter. Das ist nicht nur Sprachgebrauch im Griechischen. Lukas will deutlich darauf hinweisen, dass Jesus in seiner Antwort eine wichtige Botschaft übermitteln will.

Martha, Martha du hast viel Sorge und Mühe, sagt Jesus. Er sieht die viele Arbeit, die Martha hat. In seinen Worten liegt große Anerkennung, die Lukas auch betont. Ja, Martha hat viel Arbeit und Mühe. Sie hat eingeladen, sie hat viel Mühe auf sich genommen, aber sie kann nicht erwarten, dass andere ihre Absicht übernehmen und ihr helfen, die ganz andere Bedürfnisse haben. Martha hat mit ihrer Einladung Ja zu ihrer Aufgabe gesagt und dazu muss sie stehen.

Eins aber ist not, sagt Jesus. „Not“ übersetzt Luther. Er weiß, was Not ist. Da geht es ums Überleben und die Grundbedürfnisse des Menschen und ihre Befriedigung. So notwendig ist es, auf Gottes Wort zu hören!
Maria versteht sich als Kind Gottes, das zeigt sie durch ihre Haltung, denn sie setzt sich zu Jesu Füßen. „Hier bin ich, dein Kind, ich will dir ganz und gar gehören!“, will sie damit ausdrücken. Maria begreift, dass sie nichts vor Gott

bringen muss. Das macht sie durch ihre Haltung deutlich. Jesus versteht sie und sagt: *Maria hat das gute Teil erwählt, das soll nicht von ihr genommen werden*, Das ist das gute Teil: Sie ist ein Kind Gottes und als solches hat sie das Recht, ganz nah bei ihm zu sein. Niemand darf ihr das verwehren.
Auch wir wählen das gute Teil, wenn wir uns so schlicht und klar als Kinder Gottes angenommen wissen, wie Maria.

Seit Lukas diese Geschichte überlieferte, kam der Einwand: Aber die Arbeit, die macht sich doch nicht von alleine! Versteht Jesus denn nicht, was Hausarbeit ist?
Doch, Jesus versteht auch etwas von Hausarbeit!
In einer unserer Gemeinden lernten wir eine Frau kennen, die unter schweren Depressionen litt. Trotzdem gab sie sich viel Mühe gab, ihren Haushalt zu führen.
Sie klagte: „Was macht der Haushalt nur mit mir?“
Hören Sie die Klage? Sie sagt nicht: Wie schaffe ich meinen Haushalt, sondern was macht der Haushalt mit mir? Ist das vielleicht auch Marthas Klage? Hat sie sich übernommen und klagt nun: „Mir wächst alles über den Kopf. Ich bestimme nicht mehr, sondern andere bestimmen über mich?“ Bei uns klingt das vielleicht so: „Was macht meine Familie mit mir? Was macht mein Chef mit mir? Was macht meine Firma mit mir?“ Kennen wir so ähnliche Klagen nicht auch, wenn uns alles über den Kopf wächst?
Dann fragte die Frau mich: „Kann man Jesus um Hilfe im Haushalt bitten?“
Mir fiel die Geschichte von Martha und Maria ein und deshalb gab ich zur Antwort: „Ja, man darf Jesus um Hilfe. Er versteht auch die Sorgen einer Hausfrau. Er wird Ihnen die Kraft geben, alles zu meistern, wenn Sie ihn darum bitten!“

Warum auch nicht? Jesus kann uns in jeder Lebenslage Mut und Kraft geben. Ihm ist nichts zu gering. Was hätte er Martha geantwortet, wenn sie ihn um Hilfe gebeten hätte?
Wochen später bekam ich einen Anruf. „Ich habe gerungen und gebetet: Herr Jesus hilf mir die Socken aufzuhängen! Er hat mir geholfen und er hat mich begleitet. Jetzt führe Ich meinen Haushalt!"
Hören Sie den Unterschied?
„Lass dich nicht beherrschen von deiner Arbeit", meinte Jesus das in seiner Antwort an Martha?
Hören ist wichtig, dazu braucht man Zeit. Alles Lebendige braucht Zeiten der Ruhe, auch Gott ruhte am 7. Tag. Stille Zeit ist notwendig, um sich nicht überrollen zu lassen von der Hektik des Alltags und darin unterzugehen.

Die Geschichte von Maria und Martha steht in einem großen Zusammenhang. „Was muss ich tun, damit ich das ewige Leben ererbe?", fragte ein Schriftgelehrter. (Luk 10. V. 25). Jesus lässt ihn selber antworten und fragt zurück: „Was steht im Gesetz geschrieben? Was liest du?" Er antwortet und sprach: „Du sollst den Herrn, deinen Gott, lieben von ganzem Herzen, von ganzer Seele, von allen Kräften und von ganzem Gemüt und deinen Nächsten wie dich selbst." (5.Mos, 6, V. 5)

Und dann erzählt Jesus das Gleichnis vom barmherzigen Samariter. Lukas ergänzt die Geschichte von Maria und Martha. Seine Botschaft heißt: Gott ist wichtig, der Nächste ist wichtig, aber wir sollen uns genauso wichtig nehmen.
Alle drei Aspekte stehen nebeneinander. Alle drei Personen sind wichtig: Gott, der Nächste und ich, aber eben auch das „Ich". Im Gleichnis vom Samariter ging es um den Nächsten, bei der Erzählung von Martha und Maria geht es um jeden Einzelnen von uns. Wir dürfen uns als Kind Gottes bei Jesus geborgen wissen. Das ist ganz wichtig. Aus dieser Beziehung heraus können wir handeln und

arbeiten, aber nur aus dieser Beziehung heraus. Wir brauchen Kraft, Gottes Zuspruch und Weisung auf dem Weg, um uns nicht von anderen Dingen beherrschen zu lassen.
Eins ist not!, sagt Jesus: Gottes Wort zu hören und aus der Geborgenheit in Gott zu leben!

Wer von den beiden Frauen hat nun Recht: Maria oder Martha?
Ich würde den alten Streit über die beiden Schwestern ganz neu interpretieren.
Nicht Maria oder Martha, Theologie oder Diakonie, sondern die ganze Kirche sollte zuerst wie Martha sein: Sie sollte Jesus und alle Menschen einladen, damit unser Herr und Meister Jesus Christus sein Wort verkünden kann. Das ist ihre von Gott gestellte gewählte Aufgabe. Es ist viel Arbeit, an alles zu denken und auch sonntags den Gottesdienst vorzubereiten.
Dann aber wird es Zeit für uns alle, Marias Platz einzunehmen.
Jesus sagt, das sei das gute Teil. Genießen wir es. Es soll uns nicht genommen werden.

Sehen muss man lernen

Mk. 8 V. 22 – 26

Und sie kamen nach Betsaida. Und sie brachten zu ihm einen Blinden und baten ihn, dass er ihn anrühre. Und er nahm den Blinden bei der Hand und führte ihn hinaus vor das Dorf, tat Speichel auf seine Augen, legte seine Hände auf ihn und fragte ihn: Siehst du etwas? Und er sah auf und sprach: Ich sehe Menschen als würden Bäume umhergehen. Danach legte er abermals seine Hände auf seine Augen. Da sah er deutlich und wurde wieder zurecht gebracht, sodass er alles scharf sehen konnte. Und er schickte ihn heim und sprach: Geh nicht hinein in das Dorf.

Eine berührende Geschichte. Jesus heilt einen Blinden. Diesmal wird alles ganz genau beschrieben, aber wir finden keinen einzigen Hinweis auf Jesu Göttlichkeit oder seine Mission. Es geht nicht um Sündenvergebung und Neuanfang, sondern ganz einfach um eine erstaunliche Behandlung. Fast könnte man meinen, eine ärztliche Krankenakte vor sich zu haben. Trotzdem hat Markus gerade diese Geschichte mitten in sein Evangelium gestellt.
Alles beginnt damit, dass Menschen einen Blinden zu Jesus bringen und ihn bitten, dass er ihn anrühre.
Die Menschen, die den Blinden bringen, sind sicher, dass Jesus ihn durch Berührung heilen kann. Welch tiefer Glaube wird da deutlich, aber noch mehr:

Vor Jahren habe ich mit blinden, jungen Leuten Sport getrieben und weiß, wie beharrlich sie sein können. Wenn man nicht sehen kann, dann ist man auf sein Gehör und seinen Tastsinn angewiesen. Blinde hören erstaunlich gut und manche können sich sogar über das Gehör ein Bild von ihrer Umgebung machen. Es bleibt aber ein Schattenbild, denn es fehlen so viele weitere Informationen, wie Einzelheiten und Farben. Wir können uns das gar nicht vorstellen.

Umso wichtiger ist die Berührung. Es war für mich befremdlich, wenn blinde Menschen baten, mein Gesicht berühren zu dürfen und danach ihre Hand prüfend über meine Nase oder meine Lippen strich. Dann trat oft ein Lächeln in das Gesicht des Tastenden und ich spürte, wie seine Wahrnehmung nun viel weiter ging als nur über die Sprache. Dieses Lächeln des Erkennens werde ich nie vergessen. „Erst dann weiß ich, wer du bist und wer ich bin", erklärte mir ein junger Mann. „In der Berührung erfahre ich mich auch." Ich dachte daran, wie ein schwerbehinderter Junge mich in einer Sonderschule darum bat, dass ich ihn in die Arme nehmen sollte, damit er sich selber spüre könne. Ich habe ihn umarmt. Seine Hände glitten über meine Arme und mein Gesicht. Er lächelte glücklich, als er danach sagte: „Jetzt kenne ich dich!"

Aus dieser Erfahrungen heraus könnte ich mir denken, dass auch der Blinde in unserer Geschichte seine Begleiter lange gequält hat. „Ich möchte Jesus kennenlernen. Ich höre zwar seine Botschaft, aber ich möchte mehr über ihn erfahren. Ich möchte, ihn anfassen und berühren können. Ich möchte wissen, wer er ist."
Ein Blinder kann sein Gegenüber kann nur so kennenlernen.
Für uns wird die Methode eines Blinden geradezu beispielhaft:
In seiner Nähe lerne ich Jesus kennen, aber auch mich.

Die Begegnung mit Jesus lässt

- den Fischer Simon erkennen: „Ich bin ein sündiger Mensch." (Luk.5, V. 1 – 11)
- einen Zöllner Zacharias in seinem Leben aufräumen mit den Worten: „Ich gebe die Hälfte meines Besitzes den Armen und wenn ich jemanden betrogen habe, gebe ich es vierfach zurück!" (Luk.19, V. 8)
- einen Thomas, der die Finger in Jesu Nägelmale legt, zutiefst berührt bekennen: „Mein Herr und mein Gott!" (Joh.20, V. 28)

Die Begegnung mit Jesus Christus, dem Sohn Gottes, bleibt nicht ohne Folgen. Heilungen sind nicht seine Hauptaufgabe und trotzdem bezeugt jede Heilung seine große Macht über Leben und Tod. Jesus Christus ist Gottes Sohn und deshalb kann er heilen.

Und sie brachten zu ihm einen Blinden und baten ihn, dass er ihn anrühre, so schreibt Markus. Auf ihre Bitte hin handelt Jesus und hilft dem Mann.
Und er nahm den Blinden bei der Hand und führte ihn hinaus vor das Dorf, tat Speichel auf seine Augen, legte seine Hände auf ihn und fragte ihn: Siehst du etwas?
Jesus möchte nicht, dass alle zusehen können. Ich denke, die anderen haben den beiden Männern erstaunt nachgeschaut, als Jesus mit dem Blinden davonging. Was hat er mit ihm vor? Etwas, das niemanden etwas angeht.
Was er dann tut, klingt zunächst erstaunlich, aber wir modernen Menschen haben uns heute sehr weit von den natürlichen Heilmethoden entfernt.
Jesus *tat Speichel auf seine Augen und legte seine Hände auf ihn,* schreibt Markus. Was sich so seltsam in unserem Text anhört, ist aber ganz natürlich.
Genauso hat meine Mutter früher kleine Verletzungen behandelt. Wenn ich eine Schürfwunde am Knie hatte oder eine Mücke mich gestochen hatte, dann rieb sie den Mückenstich oder die Wunde mit Spucke ein und sagte: „Heile, heile Segen, drei Tage Regen…"
Vielleicht kennen Sie den Spruch noch. Mutters Speichel und ihre zarten Hände halfen.
Unser Speichel enthält zahlreiche Enzyme, die helfen können. Nicht umsonst lecken wir automatisch kleine Wunden ab. Speichel ist eine ganz erstaunliche Substanz, die tatsächlich heilen kann.
Auch wärmende Hände können heilen. Wir sollten das nicht vergessen. Hände, die uns zart berühren, können beruhigen und Schmerzen lindern. Es ist ihre

Wärme und noch mehr wirkt auch die intensive Zuwendung in einem solchen Augenblick.

In der Bibel werden Dörfer, Städte und Gemeinden gelobt, weil es nur wenige Kranke unter ihnen gibt. Gemeinschaft und Zuwendung lässt viele Krankheiten überwinden und manchmal werden dadurch sogar Blinde sehend.

Wir hatten in unserer Gemeinde einen blinden jungen Mann. Er war fast blind, muss man korrekt sagen, denn er war an den Augen operiert und hätte eigentlich einen Sehrest von 5 % haben müssen. Aber er sah nichts, denn er war mutlos geworden. So viele Ärzte hatten ihn schon operiert und niemand hatte ihm helfen können. Nun hatte er keine Hoffnung mehr. Seine Mutter sprach einmal in der Gemeinde nach dem Gottesdienst darüber: „Mein Sohn ist blind und sitzt nur noch in seinem Zimmer herum. Wir wissen nicht mehr, wie wir ihm helfen können!“

Damals war ich Junglehrer und voller Begeisterung für die Arbeit mit jungen Menschen. Ich hatte von einer Blindensportgruppe gehört und die Arbeit mit den Blinden interessierte mich. Spontan bot ich an, den jungen Mann mit zu nehmen, wenn ich die Sportgruppe besuchen würde. Wir vereinbarten, dass ich ihn abholen würde.

Als ich zum festgesetzten Termin kam, entschuldigte sich die Mutter: „Günther will sein Zimmer nicht verlassen. Vielleicht gehen Sie nachher zu ihm. Aber erst einmal wollen wir Kaffee trinken.“ Wir saßen beim Kaffee und überlegten, wie man ihm helfen könne, da kam er plötzlich die Treppe herunter. Sein Schritt war ganz anders als sonst. Dann ging er zu uns, zielgerichtet und nicht suchend wie ein Blinder. „Ist das der Mann, der mit mir zur Blindensportgruppe fahren will?“, fragte er und zeigte auf mich. „Ja, Mutter, ich kann sehen! Ich sehe alles sehr verschwommen, aber ich sehe“, sagte er dann. Die Mutter sah mich an und wir beide konnten das Glück nicht fassen.

Die Aussicht, einen neuen Weg beschreiten zu können und nicht mehr allein im Zimmer bleiben zu müssen, hatte ihm neuen Mut gegeben. Mit seinem Sehrest von 5 %, sah er ungefähr so viel wie der geheilte Mann in unserem Predigttext.
Und er sah auf und sprach: Ich sehe Menschen als würden Bäume umhergehen.
Das könnte auch Günther damals gesagt haben.
Jesus belässt es nicht dabei.
Danach legte er abermals seine Hände auf seine Augen.
In diesem Fall heilt Jesus mit seinen Händen.
Günter und ich gingen damals einen langen gemeinsamen Weg. Viele Monate besuchten wir die Blindensportgruppe und der junge Mann lernte mit seinem Sehrest zurecht zu kommen. Er trainierte seine Augen und seine Bewegungen. Für mich als Sehenden war es erstaunlich, wie die Blinden Ball spielten und sich Bälle zurollten. Eine Glocke im Ball half ihnen dabei. Es waren Spiele mit hohem Tempo darunter und ich hatte Schwierigkeiten mitzuhalten, denn natürlich wurden mir die Augen verbunden. Ich bewunderte den Mut, mit dem die Blinden durch die Halle liefen und sogar Zirkeltraining absolvierten. Günter lernte schnell und im Laufe eines Jahres wurde er selbständig und konnte sich überall frei bewegen. Heilung ist fast immer ein Prozess. Wir erfahren das selber, wenn wir krank oder behindert sind. Meist folgt einer Operation eine Rehazeit und ganz langsam kommt man wieder auf die Beine. Heilung erfolgt stets in Zusammenarbeit zwischen Arzt und Patient.

Da sah er deutlich und wurde wieder zurecht gebracht, sodass er alles scharf sehen konnte, schreibt Markus. Das erinnert an ärztliche Berichte über Behandlungen beim Augenarzt oder gar beim Orthopäden, der die Wirbelsäule wieder einrenkt.

Jesus lässt den Kranken nicht allein, bis er richtig sehen kann. Heilung braucht Zeit. Das sollten auch wir beachten, wenn wir anderen helfen. Wirkliche Hilfe braucht manchmal Beistand über längere Zeit. Ich habe das damals bei der Arbeit mit Günter erlebt und seitdem nie mehr vergessen. Es war gar nicht einfach immer für ihn Zeit zu haben, wenn er wieder einmal vor der Tür stand, nicht weiter wusste und nach Hause gefahren werden musste.

Und er schickte ihn heim und sprach: Geh nicht hinein in das Dorf, schreibt Markus. Jesus möchte keinen Dank, vor allem aber keine Lob, denn es ist Gottes Macht, die in ihm wirkt und Gott allein gebührt die Ehre.
Damals bei dem erstaunlichen Erlebnis, als der junge Mann die Treppe herunterkam und plötzlich sehen konnte, meinte die Mutter, ich hätte ihn geheilt. Aber das musste ich weit von mir weisen. Die Hoffnung hat ihn geheilt. Ich kam im Auftrag, denn ich wusste, dass wir ihm als Brüder helfen konnten und ich spürte, dass ich das tun sollte.
Gott bewirkt in uns das Tun und das Vollbringen und ihm gebühren Dank und Lob dafür.

In unserem Predigttext wird bis in Einzelheiten eine Heilung beschrieben und doch ist das alles schier nicht zu glauben, was da geschieht.
Für die Menschen damals war es auch unfassbar. Deshalb schickt Jesus den Geheilten auch nicht zu den Wartenden zurück. Er müsste sich dann den Fragen der Menschen stellen und vor allem ihrem Dank und ihrem Lob. Jesus heilt, wo er kann, aber das ist nur ein kleiner Teil seiner Aufgabe.

Die Heilungsgeschichten sollen uns bezeugen, dass Jesus Christus die Macht hatte, Krankheiten zu heilen. Er war und ist der Schöpfer, der korrigieren kann, was schief gegangen ist. Er konnte Menschen heilen, die der Heilung bedürfen. So wird es immer wieder in der Schrift bezeugt.
Jesu größte Aufgabe war es, das Sühnopfer und die Auferstehung zu vollbringen. Nur weil er auch unsere Schuld ans Kreuz getragen hat, sind wir

frei, wenn wir an ihn glauben. Vorher sind wir wie Blinde, die nicht wissen, wohin ihr Weg führt.

Sie kennen sicher die folgende Geschichte: Als ein Lahmer zu Jesus gebracht wird, sagt Jesus zu dem Mann: *„Dir sind deine Sünden vergeben.“* Die Männer, die ihn auf einer Trage gebracht hatten, staunten, denn eine solche Zusage der Sündenvergebung stand nur dem Hohenpriester zu. Wer ist dieser Jesus, dass er so etwas sagen kann? Damit die Anwesenden seine Vollmacht erkennen können, fordert Jesus den Lahmen auf : *„Nimm dein Bett und geh!“* Der Lahme kann aufstehen und sein Bett unter den Arm nehmen und gehen! (Mark. 2 V. 1 – 13)

In unserer ganz persönlichen Begegnung mit Jesus können wir sehen lernen.
Das geht nicht so einfach. wir müssen uns schon auf Jesus einlassen. Wir müssen Glauben und Vertrauen entwickeln, damit können wir unser Leben auf eine sichere Grundlage stellen. Wenn wir das tun, dann beginnen wir zu sehen.
Unscharf zunächst. Wir fragen uns vielleicht: „Kann das sein, das Jesus auch für mich gestorben ist? Was bedeutet das für mein Leben?“ So langsam erkennt man dann im Glauben, was Jesus getan hat und wie befreiend diese Erkenntnis ist. Im Glauben können wir seine Nahe erfahren und seine heilenden Hände spüren. Nach und nach wird alles klarer und wir erkennen, was für ein großes Geschenk uns Gott aus Liebe gemacht hat, indem er seinen Sohn auf die Erde sandte um uns zu retten.

Wir können einander sehr helfen, wenn wir uns Zeit füreinander nehmen. Kleine und große Gebrechen können geheilt werden, wenn wir einander dienen und füreinander da sind.
Hände können heilen, Hände, die bereit sind, Wärme und Halt zu geben.

Jesus ist ein großer Arzt. Er kann Menschen aufrichten, er kann uns sehend machen.

„Wer Ohren hat zu hören, der höre", sagt Jesus oft. Ich möchte ergänzen: „Wer Augen hat zu sehen, öffne sie weit." Es lohnt sich von Jesus zu hören und es lohnt sich zu ihm aufzuschauen.

Rechts oder links?

Matth. 6 V. 1 – 4

Habt Acht auf eure Frömmigkeit, dass ihr sie nicht übt vor den Leuten, um von ihnen gesehen zu werden; ihr habt sonst keinen Lohn bei eurem Vater im Himmel.

Wenn du nun Almosen gibst, sollst du es nicht vor dir ausposaunen lassen, wie es die Heuchler tun in den Synagogen und Gassen, damit sie von den Leuten gepriesen werden.

Wahrlich, ich sage euch, sie haben ihren Lohn schon gehabt. Wenn du Almosen gibst, so lass deine linke Hand nicht wissen, was die rechte tut, damit dein Almosen verborgen bleibe, und dein Vater, der in das Verborgene sieht, wird dir's vergelten.

Die Urlaubszeit ist vorbei. Hoffentlich haben Sie viele schöne Erinnerungen mitgebracht und sich gut erholt. Die Ferien nähern sich dem Ende und manch einer muss wieder zur Arbeit oder die Schule vorbereiten. Erholung und Arbeit beides gehört zusammen und seien wir dankbar dafür, dass wir beides haben dürfen.

Vielleicht waren Sie im Süden, denn dort locken Sonne und Meer, Ruhe und Entspannung.

Ja, es ist angenehm in so einer Hotelanlage und gerade in den Ländern auf dem afrikanischen Kontinent möchte man sein Hotel am liebsten gar nicht verlassen. Es ist eine Umgebung, in der alles zu stimmen scheint: Die Pools sind gut temperiert, das Zimmer hat Klimaanlage, der Rasen sind angenehm kurz und frei von Schädlingen… Wunderschön, aber es ist eine „Leonardo Welt". So nennt man die Anlage, die uns so angenehm umgibt, die aber mit der Wirklichkeit in den Ländern wenig zu tun hat.

Die Hotels sind Inseln in einer oft sehr fremden Welt, in der Not und Armut herrschen. Wenn man es wagt, die Anlage zu verlassen, dann begegnet dem

Urlauber eine ganz andere Wirklichkeit, die fremd und unverständlich ist. Da bleiben viele doch lieber in der Hotelanlage und genießen die Wellnessangebote. Dabei verpasst man aber eine ganze Menge, denn es lohnt sich, einmal hinter die Kulissen zu schauen und Land und Leute kennenzulernen.

Zur Zeit Jesu lebten viele reiche Leute auch wie auf so einer „Insel der Seligen". Für sie gab es Marmorstraßen, an denen die Standbilder der Gönner deren Großzügigkeit verherrlichten. Wunderschöne Häuser mit großen Gärten versprachen ein angenehmes Leben. Man hatte Sklavinnen und Sklaven, die für alles sorgten. Noch heute kann man in der Türkei, Griechenland, Spanien und Italien die Reste der schönen Anlagen bewundern. Es war eine ganz andere Zeit. Um unseren Predigttext zu verstehen, müssen wir die damalige Gesellschaftsordnung ein wenig kennen.
Es gab keine Krankenkassen und keine Sozialversicherung. Jeder versuchte sein Glück nach Vermögen und Kräften. Gerade deshalb gab es reiche Leute, die Erfolg hatten und oft genug reiche Geschlechter über Generationen und arme Leute, die auf Almosen angewiesen waren.
Das Geben von Almosen stand deshalb auch ganz hoch auf der Liste der Gebote. Auch im Islam gehört es zu den fünf Grundgeboten.
Da viele Menschen auf Spenden angewiesen waren, gab es unterschiedliche Möglichkeiten, den Sponsoren auch Ehre zu erweisen. Im Tempel, und nicht nur im jüdischen, stand ein Priester neben dem Spendenkasten. Er hatte eine Posaune und sie wurde jedes Mal geblasen, wenn jemand eine besonders hohe Spende gab. Das wurde sprichwörtlich ausposaunt. Alle sollten wissen, wer gerade sehr viel gegeben hatte. Natürlich posaunte man nur die Spenden eines Reichen aus. Wenn ein Bill Gates Milliarden spendet, dann steht das in allen Zeitungen und ist aller Ehren wert. Trotzdem gibt er nur einen kleinen Teil seines riesigen Vermögens und vielleicht opfert der eine oder andere weniger Begüterte mit einer kleinen Gabe wesentlich mehr.

Jesus ist es nicht wichtig, wie viel jemand gibt, sondern warum er es tut. Als er mit seinen Jüngern an dem Spendenkasten vorbeikommt, sieht er eine alte Witwe, die ein kleine Münze einwirft. Der Priester schaut mitleidig, aber Jesus stellt diese Frau seinen Jüngern als Vorbild hin. Sie gab nur eine kleine Münze, aber damit alles, was sie hatte, und vertraute ihr Leben ganz und gar Gott an. Darum geht es: um die vertrauensvolle Beziehung zu Gott und nicht um die Größe einer Spende!

Aber so war das damals und so ist es heute. Man gibt und nimmt! Wer hat, der kann auch mehr geben. Oft genug ist das ein Geschäft. Damals verstanden die Menschen den Umgang mit ihren Göttern genauso. Do, ut des, ich gebe, damit du gibst, das war das Grundverständnis. Gibt man für die Götter, dann geben auch sie reichlich. Das Ganze wurde wie eine Geschäftsbeziehung verstanden. Auch zwischen den Menschen ging es immer nur um Geld. Ich gebe, damit du aufmerksam und freundlich bist und drauf achtest, dass es mir gut geht. Das ist oft genug auch die Grundhaltung in der Hotelanlage im Urlaub. Ich fand es sehr störend, wenn Gäste Dienste einforderten, weil sie ja dafür bezahlt hatten. Das Zimmer war vielleicht nicht ganz pünktlich fertig, oder es fehlten Handtücher oder Decken. Dann wurde heftig und sehr deutlich protestiert. Man kann darauf hinweisen oder höflich darum bitten, dass etwas in Ordnung gebracht wird, aber man muss nicht lautstark reklamieren und so den Bediensteten bloßstellen. Umgekehrt ist es peinlich, wenn die Angestellten Trinkgeld geradezu fordern. Dienste sollten erbracht werden und mit Trinkgeld sollte man nicht zu sparsam sein. Das mag korrekt sein, aber es fehlt etwas ganz wesentliches: Menschlichkeit, Anerkennung und Achtung vor dem Anderen. Unsere Welt ist kalt geworden.

Ich habe oft den Eindruck, die Menschen würden in Schutzhüllen leben, jeder für sich allein. Ganz selten einmal wird dieser Schutz durchbrochen und echte Begegnungen werden möglich.

Das aber ist nicht die Welt, die Gott sich vorstellt. Liebe zu und Achtung vor dem anderen fordert Jesus Christus von uns. Gott will, dass wir den Nächsten sehen und ihn akzeptieren, ihm helfen, wenn er in Not ist. Liebe und Achtung sollen die Triebfedern unseres Handelns sein. Dann wird die Welt um uns lebendig und warm!

„Lass die Rechte nicht wissen, was die Linke tut", sagt Jesus.
Lassen Sie mich kurz dabei bleiben. Ich dachte sofort an unsere beiden Hirnhälften. Die rechte ist für das Denken zuständig und die linke für die Emotionen. Aber das ist gar nicht so gemeint. Die Menschen damals lebten und dachten viel konkreter. Die meisten Männer waren auch Krieger. In der Rechten hält der Krieger das Schwert und die Linke hält den Schild.
Die rechte Hand war die Handelnde: Sie verteidigte und kämpfte, aber mit ihr begrüßte man auch den anderen und mit ihr opferte man auch. Sie war die aktivere und so ist es ja bei uns Rechtshändern heute noch.
Die Linke hat nicht weniger wichtige Aufgaben: Sie hält den Schild, sie schützt den Menschen. Es ist erstaunlich, aber das ist sogar im Bad oder am Strand so. Über dem linken Arm tragen wir unser Badetuch und früher trug man Tücher als Kleidung. Über dem linken Arm lag die Toga, ein oft bunt gefärbtes Tuch, das den Körper vor Sonne und Blicken schützt.
Auf den Schiffen gilt die Regel: „Eine Hand für das Schiff, eine Hand für mich!" So hielten sich die Matrosen in den hohen Rahen der Segelschiffe immer fest und das gilt bis heute!
Eine Hand für die anderen, eine Hand für mich.
Oder, liebe Gemeinde, liebe deinen Nächsten (rechte Hand) wie dich selbst (linke Hand).
„Lass die Linke nicht wissen, was die Rechte tut", heißt auch: Sei großzügig und lass dich nicht durch Eigennutz ausbremsen!

Denn Liebe soll der Antrieb unseres Handelns sein. Ein Geschäftsmann denkt bei jedem Geschäft auch an Gewinn. Das ist notwendig, sonst könnte er seinen Laden bald schließen.

Aber im Miteinander der Menschen fordert Gott etwas ganz Anderes, eine neue Gesellschaftsordnung, in der Liebe das Handeln bestimmt.

Dann heißt es nicht: Was bekomme ich an Gewinn, an Anerkennung, an gesellschaftlicher Stellung, sondern was kann ich geben?

Der Blickwinkel wird verändert.

In der Hotelanlage bedeutet das: Ich sehe nicht mehr die Angestellten, die etwas tun müssen, weil sie bezahlt werden und bezahle selbst für jeden Dienst, sondern ich sehe Menschen, die hart arbeiten, oft genug um eine große Familie draußen zu ernähren. Ich sehe in die Gesichter und erkenne Mitmenschen, denen ich mit Achtung und Höflichkeit begegne. Vielleicht ergeben sich sogar ein kurzes Gespräch und Anteilnahme. Mehr ist nicht möglich und auch nicht gefordert, aber dann ist sogar das Trinkgeld eine ganz persönliche Anerkennung.

Wir können nicht alle Not der Welt lindern und auch nicht jedem Bettler an der Straße etwas geben, aber wo immer es geht, können wir Begegnung möglich machen und Menschen dadurch persönliche Achtung entgegenbringen.

In Lahr saß viele Jahre lang eine Bettlerin am Park. Sie gab den Menschen für deren Spenden kleine Bilder, die sie selbst gemalt hatte. Nur wenige nahmen sich Zeit, die Bildchen anzunehmen, aber die Frau wollte den Menschen auch etwas geben. Sie wollte nicht nur Geld bekommen. Ihr ging es nicht darum, ihre Bilder zu verkaufen, sondern den Spendern eine Freude zu machen. Das ist etwas ganz Anderes und das gefiel mir an ihrer Idee so gut. Sie bat um Almosen, weil sie darauf angewiesen war, hatte sich aber gleichzeitig ihre Würde erhalten und freute sich über jedes anerkennende Gespräch. Sie war eine Künstlerin und ein bemerkenswertes Original.

Wenn es zwischen Menschen nicht nur um Geld geht, dann fallen jene Schranken, die eine Begegnung sonst verhindern. Eine Frau flog mit einem

Koffer voller Fünfeuroscheine nach Russland, um dort jedem Bettler etwas geben zu können. Das war sehr großherzig, aber der falsche Weg.
Wir haben in der Türkei gehört, wie Männer hinter uns herriefen: „Germany, money, money…“ Das war sehr beschämend, aber unser Land hat nun einmal den Ruf, alles mit Geld regeln zu wollen. Unsere Politik bestätigt das ja auch, indem Milliarden zur Rettung von Banken und unserer Währung ausgegeben werden.

Unsere Gesellschaft braucht einen neuen Blickwinkel. Man kann nicht alles mit Geld regeln!
Banken werden gerettet, aber darüber das Wohl vieler Menschen vergessen. Unsere Gesellschaft bedarf einer neuen Ausrichtung.
Damals zu den Zeiten eines Paulus hatte das Christentum eine enorme Sprengkraft. Arme und Reiche wurden von der herrlichen Botschaft der Liebe Gottes angesprochen und ließen sich taufen. In den Gemeinden saßen dann Arme und Reiche, Freie und Sklaven nebeneinander, nannten sich Brüder und empfanden sich auch so. Das hatte Auswirkungen in die ganze Gesellschaft. Antike Schriftsteller berichten davon, wie lieb sich die Mitglieder in den Gemeinden hatten.
Die Gesellschaftsordnung wurde nicht verändert, aber das Miteinander der Menschen bekam ein neues Gesicht.

Wir können nicht verhindern, dass die Schere zwischen arm und reich weiter auseinandergeht.
Aber im Kleinen, in unserem Umfeld, in unseren Familien und im Umgang mit den Menschen, denen wir im Alltag oder im Urlaub begegnen, können wir etwas ändern.

Mehr Offenheit, mehr Hilfsbereitschaft, mehr Achtung vor einander und mehr Liebe zueinander, das würde schon viel ausmachen. Es ist erstaunlich, was eine nette Geste oder kleine Freundlichkeit ausmachen.
Kürzlich hatte ich es sehr eilig und eine Frau ließ mich an der Kasse vor. ich bedankte mich: „So haben Sie bemerkt, dass ich keine Zeit habe?“ Sie lachte und plötzlich waren auch andere bereit zurückzutreten. Wir plauderten für Minuten über den Tag und die Hektik, in der wir alle stehen.
Oft hat man das Gefühl, es wären Glasscheiben zwischen den Menschen und es ist an uns, dieses Glas mit Freundlichkeit und Liebe zerspringen zu lassen. Dann bekommt die Welt ein bisschen von dem, was Gott meint. Dann wird auf der Erde ein kleines Stück Himmel fühlbar und das tut gut!
Ja, liebe Gemeinde, um den Himmel geht es, auch wenn wir über so irdische Dinge wie Geld reden.
Jesus Christus kam auf die Erde, um uns Menschen zu erlösen. Wir Menschen können uns nicht von der Erde lösen. Wir sind zu sehr auf uns selbst bezogen, um von uns absehen zu können. Das ist seit dem Sündenfall so, erzählt die Bibel. Immer wieder steht zwischen Gott und den Menschen die Sünde. Gemeint ist ein tiefer Graben, den man auch Sund nennt. Davon ist das Wort Sünde abgeleitet. Dieser Graben entsteht, wenn der Mensch immer an sich selber denkt, wenn seine linke Hand ihn nur noch schützen möchte. Das Leben ist nicht einfach und muss bewältigt werden. Wie kann ich an andere denken, wenn ich doch selber zu kämpfen habe?
In diese Notsituation des Menschen hinein, sandte Gott seinen Sohn Jesus Christus. Gott weiß um unsere Grenzen und deshalb schuf er eine Brücke zwischen Himmel und Erde. Wir Menschen hätten keine solche Brücke bauen können, aber Gott schuf sie.
Jesus Christus nahm unsere Schuld auf sich und er zeigte immer wieder, wie der Graben zwischen Menschen und auch zu Gott zugeschüttet werden kann: mit Liebe.

Sein ganzes Leben war geprägt von Liebe. Immer wieder stellte er das Weltbild seiner Mitmenschen auf den Kopf, um ihnen zu zeigen: Es geht auch ganz anders!
Er stellte Kinder, die nichts galten, in die Mitte und sagte: „Wenn Ihr nicht werdet wie diese Kinder, dann könnt ihr nicht in das Reich Gottes kommen!"
Kinder aus allen Nationen begegnen sich heute in den Hotelanlagen. Sie spielen miteinander und oft genug überwinden sie auch Sprachgrenzen und finden Möglichkeiten, miteinander zu reden und Spaß zu haben.
Kinder sind Vorbilder, sagt Jesus.
Oder er nahm Frauen, die in der damaligen Männergesellschaft zu schweigen hatten und zu Hause bleiben mussten, und sagte: „Nehmt euch, ihr Männer, die ihr euch so wichtig dünkt, ein Beispiel an der Frau, die anderen Liebe zeigen kann, oder an der Witwe, die bereit ist, von dem wenigen, was sie hat zu geben."
Oder er lehrte im Gleichnis vom barmherzigen Samariter: „Dein Nächster ist der, der jetzt deine Hilfe braucht."
Oder: „Gib Almosen, ohne an dich zu denken. Gib, weil du anderen helfen willst und nicht weil du Anerkennung und Lob erwartest."

In unserem Text wird Jesus ganz deutlich:
Wenn du nun Almosen gibst, sollst du es nicht vor dir ausposaunen lassen, wie es die Heuchler tun in den Synagogen und Gassen, damit sie von den Leuten gepriesen werden.
Wahrlich, ich sage euch, sie haben ihren Lohn schon gehabt.
Wenn es um Anerkennung und Ehre bei den Menschen geht, dann besteht der Lohn aus dem Schall der Posaune, dem bewundernden Blick der Menschen und dem Beifall der Umstehenden. Dann spielt sich alles hier auf Erden ab, das hat aber mit Gott nichts zu tun. Dabei tun die Männer, die so handeln so, als ginge es ihnen um Gott. Das nennt Jesus heucheln! Oberflächlich so tun, als würde

man sich um Gott bemühen, aber den Blick ganz und gar auf die Erde richten! Gott lässt sich nicht täuschen, er sieht das Herz an.

Dein Vater, der in das Verborgene sieht, wird dir es vergelten, verspricht Jesus. Er nennt Gott unseren Vater und betont damit die Möglichkeit einer ganz engen Beziehung zwischen Gott und uns. Wenn es uns wirklich darum geht, dann bitte nicht mit großer Schau auftreten. Dann bitte nicht öffentlich ausposaunen lassen, was man gibt, öffentlich beten, sondern in der Kammer, nicht jammern, wie weh das Fasten tut, sondern sich normal verhalten, wenn man auf Essen verzichtet, um Gott ein Opfer zu bringen.

Dein Vater, der in das Verborgene sieht, wird dir es vergelten! Dieser Satz steht mehrfach in der Bergpredigt. Gott sieht alles, was wir tun. Er allein ist wichtig. Ihm gebühren Ehre und Dank. Er gibt uns seinen Segen, von dem wir weitergeben dürfen.

„Liebe Gott von ganzem Herzen, von ganzer Seele und von ganzem Gemüt“. Jesus Christus bestätigt dieses Gesetz aus dem Buch Mose.

Darum muss es uns gehen, dass wir eine lebendige Beziehung zu Gott aufbauen und aus dem Glauben leben können.

Jesus Christus sah, wie die arme Witwe ihre ganze Habe in den Tempelkasten einwarf und sich damit ganz und gar Gott anvertraute. Der Priester sah nur die kleine Münze, aber Jesus erkannte, was wirklich geschah.

Wir können uns Gott anvertrauen. Er sieht, was wir tun, er sieht unser Bemühen und auch unseren Kampf ums tägliche Leben.

„Der Mensch sieht, was vor Augen ist, aber der Herr sieht das Herz an“, sagt der Prophet Samuel als er den jüngsten und kleinsten Sohn Isais zum König salbt. Dieser anscheinend Kleinste wird der große König David.

Es geht nicht darum, was die anderen von uns denken, liebe Geschwister, sondern darum mit unserem Leben Gott zu ehren und ihm zu danken für alles, was wir haben dürfen.

Dann wird Liebe unser Handeln bestimmen können und dann wird ein Stückchen Himmel Wirklichkeit. Ziel unseres Lebens kann nicht die Ehre und Achtung bei den Menschen sein, denn das vergeht. Wenn man älter wird, spürt man, dass alles vergänglich ist. Was bleibt ist die vertrauensvolle Beziehung zu Gott. Der Glaube ist auch dann noch die Grundlage unseres Lebens, die tragen kann. Wir alle haben mit Gott in der Taufe einen Bund geschlossen. Gott schenkt uns seinen Bund. Wir müssen nichts bringen außer Glauben und Vertrauen. Dann wird er uns in seinen Händen halten. Das zu wissen und daraus zu leben, ist wichtiger als alles andere auf der Welt.

Mit dem Spaten in die Weihnacht?

Micha 5, V. 1 – 4a

Und du, Bethlehem Efrata, die du klein bist unter den Städten in Juda, aus dir soll mir der kommen, der in Israel Herr sei, dessen Ausgang von Anfang und von Ewigkeit her gewesen ist. Indess lässt er sie plagen bis auf die Zeit, dass die, welche gebären soll, geboren hat. Dann wird der Rest seiner Brüder wiederkommen zu den Söhnen Israels.

Er aber wird auftreten und weiden in der Kraft des Herrn und in der Macht des Namens des Herrn seines Gottes. Und sie werden sicher wohnen; denn er wird zur selben Zeit herrlich werden, so weit die Welt ist. Und er wird der Friede sein.

„Die Juden fordern Zeichen, die Griechen Weisheit, wir aber verkündigen die Botschaft des auferstandenen Herrn", so schreibt Paulus.(1.Kor.1, V. 22) Wenn ich seinen Brief lese, muss ich immer unwillkürlich schmunzeln. Wie gut kennt Paulus die Mentalitäten der Völker. Die Juden möchten ein Zeichen, dass Gott mit ihnen ist, denn Gott gab Ihnen in Ihrer Geschichte viele Zeichen. Er ging vor ihnen her, als sie aus Ägyptenland fortzogen. Der Gang durch das Meer war eines der ganz großen Zeichen, dass sie bekommen hatten. Ja, Gott gibt uns immer wieder Zeichen, dass er da ist und dass er lebt und regiert.

Die Griechen der Antike liebten die Philosophie über alles. Sie brachten große Denker hervor, die heute noch wichtig und geachtet sind, wie Sokrates, Plato oder Aristoteles. Ich denke, Sie haben diese Namen sicher schon einmal gehört. Die Welt mit dem menschlichen Verstand zu ergründen, das erschien ihnen das Wichtigste und deshalb forderten sie auch von Paulus, dass er ihnen das Evangelium so predigte, dass alles für sie logisch nachvollziehbar war.

Und wir heute? Was fordern wir?

Wir sind kritisch historisch. Wir modernen Menschen fordern konkrete Orte und nachweisbare Spuren. Wo ist das passiert? Wann ist es geschehen? Wer war dabei? Kann man das mit dem Spaten nachweisen? Wenn nicht, dann können wir nicht glauben.
Die Evangelisten waren keine Historiker, aber Lukas schreibt am Anfang seines Evangeliums: *„Nachdem ich alles sorgfältig erkundet habe, will ich es für dich, hochgeehrter Theophilus, in guter Ordnung aufzuschreiben, damit du den sicheren Grund der Lehre erfährst, in der du unterrichtet bist. (Luk.1,V. 3 und 4)*
Lukas hat recherchiert, würden wir heute sagen und nicht anders sind die anderen Evangelisten vorgegangen. Sie können konkrete Orte und Zeiten nennen und trotzdem steht bei ihnen alles im Zusammenhang der großen Heilsgeschichte, die Gott mit seinem Volk und seiner Welt vorhat. Alles hat seinen Sinn und in allem liegt eine wichtige Botschaft Gottes an die Menschen. Davon sind die Evangelisten überzeugt.

Einer der konkreten Orte im Heilsgeschehen heißt Bethlehem, die Stadt des Brotes. Dort soll die Heilstat Gottes beginnen. Der Evangelist Matthäus beschreibt, wie die Schriftgelehrten im Auftrag des Herodes nachforschen, in welcher Stadt der Messias geboren werden soll. Man kann als Leser miterleben, wie die Schriftgelehrten vor dem großen Herrscher die Thora entrollen und in der Schrift suchen, aber sie wissen es längst, denn beim Propheten Micha wird der Ort ganz genau genannt: *Und du, Bethlehem Efrata, die du klein bist unter den Städten in Juda, aus dir soll mir der kommen, der in Israel Herr sei, dessen Ausgang von Anfang und von Ewigkeit her gewesen ist.*

Bethlehem also? Über Bethlehem steht der Stern still, so haben es die Sterndeuter gesehen. Gott hat ein Zeichen in den Himmel gesetzt. Alles passte zusammen, die Prophezeiungen der Schrift und das Zeichen am Himmel. Ich kann mir vorstellen, dass das dem König Herodes unter die Haut ging, vermutete er doch in dem verheißenen König einen politischen Gegner, der ihn vom Thron stürzen würde.

Aber dann entwickelte sich alles ganz anders. Es ging gar nicht um die große Politik. Gott wollte uns Menschen ganz nahe sein. Er hält sein Wort und das, was er gesagt hat, das geschieht auch.
Für Lukas ist es ganz klar, dass Kaiser Augustus alle Menschen seines Machtbereiches in ihren Geburtsort gehen ließ, damit Jesus tatsächlich in Bethlehem geboren wurde. Aber das ist doch unlogisch, möchten wir einwenden. Warum soll sich die ganze Welt in Bewegung setzen, nur damit Gottes Wille erfüllt wird? Lukas würde uns erstaunt antworten: „Wer ist denn nun der Herrscher der Welt? Kaiser Augustus oder Gott der Herr? Wenn Gott es so will? Wer sind wir, dass wir ihm Vorschriften machen könnten? Wissen wir, was sonst noch alles geschah? Wir sehen doch immer nur einen ganz kleinen Ausschnitt im Weltgeschehen, aber er sieht das Ganze von Anfang an.
Mit Logik kann man nicht fassen, was damals in der Heiligen Nacht geschehen ist. Auch nicht zu kritisch historisch, denn dann verblassen die wunderbaren Bilder, die Lukas beschreibt und wir stehen nur noch vor einem Haufen Steine, die uns nichts mehr sagen. Das, was die Menschen gefühlt und erlebt haben, das ist nicht an den Steinen abzulesen, aber sehr wohl in der Heiligen Schrift überliefert.

Dort wird beschrieben, wie die Hirten in der Nacht auf den Feldern bei ihren Herden wachten.
Schafe und Ziegen und Hirten gibt es auch heute noch bei Bethlehem auf den Feldern, abseits des großen Getümmels der Touristen, die das ganze Jahr nach Bethlehem kommen, um die Weihnachtsgeschichte zu erleben. Wir hatten vor einigen Jahren das große Glück, mit unserer Gemeinde Bethlehem besuchen zu können. Damals herrschte noch Friede im Heiligen Land. Keine Mauer trennte

den palästinensischen Teil von Israel. Mit Verwunderung sahen wir auf den Häusern Kreuze, Halbmonde und Davidsterne, die ‚nachts beleuchtet, anzeigten, welche Religionen in den jeweiligen Häusern ausgeübt wurden. Alle drei Religionen lebten friedlich mit einander. Nach den Berichten der Menschen dort feierten viele Einwohner der Stadt die jeweiligen Kirchenfeste sogar gemeinsam. Bethlehem selber lebte von der Erinnerung an die Geburt Jesu Christi. Seit zwei Jahrtausenden ist die Grotte, in der Maria und Josef Zuflucht fanden und das Kind geboren wurde, durch eine mächtige Kirche überbaut. Man muss sich tief bücken, um durch die kleine Tür eintreten zu können. „So kann man nur unbewaffnet in das Gebäude hineinkommen“, sagte man uns, als wir uns über den engen und niedrigen Eingang wunderten.

Wie weise doch die Erbauer waren! Bethlehem ist lange nicht mehr die Stadt, die wir noch kennenlernen durften. Wir erlebten die kleine Stadt in Sichtweite von Jerusalem als einen ruhigen Ort der Toleranz und des Zusammenlebens der Völker und Religionen. Heute warnt das Auswärtige Amt davor, Bethlehem ohne Militärschutz zu betreten.
Die Welt ändert sich immer wieder und wir können nur mit dem Herzen nachempfinden, was in jener Heiligen Nacht wirklich geschehen ist. Es gibt ganz konkrete Orte und man kann sie aufsuchen, aber das, was man eigentlich sucht, ist schwer zu finden: eine gesicherte Bestätigung für das, was Lukas beschreibt. Die gibt es nicht. Über Bethlehem schweben keine Engel. Höchstens Leuchtreklamen weisen auf die Bedeutung der Stadt hin, deren Namen ohnehin jeder kennt.

Als Jesus geboren wurde, öffnete sich der Himmel und Engel stiegen hernieder, um den Hirten die Botschaft von der Geburt des Messias mitzuteilen, so schreibt Lukas.

Die Engel loben und preisen Gott. Ihr Gesang verwirrt und erfüllt die Hirten, die so völlig unerwartet dem Heiligen begegnen. Ein Engel tritt zu ihnen und verkündet ihnen: *Euch ist heute der Heiland geboren.* Zu euch, zu den Hirten kommt Gott in Gestalt eines kleinen Kindes, das in einem Stall in Bethlehem zur Welt gekommen ist.
Und dann gibt er ihnen ein einfaches Zeichen: *„Ihr werdet finden ein Kind in Windeln gewickelt und in einer Krippe liegen."*

Für die Hirten war ein solches Bild sicherlich nichts Ungewöhnliches. Damals wurden die Kinder nicht im Krankenhaus unter sterilen Bedingungen geboren. Lange nicht alle Kinder hatten ein eigenes Bettchen oder gar ein eigenes Zimmer. Einfachste Behausungen, in denen alles immer wieder anders genutzt wird, sind ihnen bekannt. Eine Futterkrippe als Kinderbett? Warum nicht, wenn man nichts anderes hat?

Und doch birgt dieses Zeichen eine ungeheure Aussage in sich. Der Heiland der Welt liegt in einer Futterkrippe nahe der Stadt, die als „Haus des Brotes" bezeichnet wird, denn das bedeutet der Name Bethlehem.
Jesus Christus bezeichnet sich später selbst als das „Brot des Lebens". Er selber gibt sich uns im Abendmahl als Speise zum ewigen Leben. „Nehmet hin und esset, das ist mein Leib, der für euch gegeben wird", so sagt er bei der Einsetzung des Abendmahls und wir Liturgen wiederholen dieselben Worte bei der Feier. Ist das nicht schon bei seiner Geburt in dem Zeichen vorgegeben, das der Engel den Hirten gibt? Gott gibt sich selbst uns Menschen hin, damit wir an ihm teilhaben können, damit wir ihm gleich werden können. „Man ist, was man isst", sagt ein geflügeltes Wort. Wie wunderbar passt das zu den Worten: „Christi Leib für dich gegeben. Das stärke und bewahre dich zum ewigen Leben." So wird es jedem Teilnehmer beim Abendmahl persönlich zugesprochen.

In vielen Dingen unseres Lebens liegt viel mehr, als wir im Augenblick verstehen.

Die Hirten von damals verstehen die Botschaft. Sie machen sich auf den Weg.
Der Prophet Micha war ein Schafzüchter, so haben die Historiker herausgefunden. Er war selber ein Hirte, wenn auch nicht so arm wie die Hirten auf dem Felde. Micha wurde von Gott angesprochen und in dessen Auftrag prangert er die sozialen Missstände seiner Zeit hart an. Auch Micha muss schwierige Zeiten ankündigen und Gottes Strafgericht darin, aber er darf dem Volk auch verheißen, dass es einmal anders sein wird.
Indess lässt er sie plagen bis auf die Zeit, dass die, welche gebären soll, geboren hat. Dann wird der Rest seiner Brüder wiederkommen zu den Söhnen Israels, so schreibt er und mahnt: Seht in all dem Geschehen das Wirken Gottes. Immer aber steht die große Zusage Gottes in seiner Botschaft: am Ende steht das Heil.

„Du musst die Dinge vom Ende her betrachten“, belehrt der griechische Philosoph Solon den reichen König Krösus. Erst vom Ende her bekommt alles seinen Sinn. Ein Mensch ist erst dann als glücklich zu bezeichnen, wenn er es am Ende seines Lebens rückblickend so betrachten kann.
Die Propheten des Alten Testamentes sprechen nicht anders, wenn sie das Heil-Werden Israels am Ende der Zeit verkünden.
Er aber wird auftreten und weiden in der Kraft des Herrn und in der Macht des Namens des Herrn seines Gottes, sagt Micha, der Prophet, über Jesus Christus. *Er wird weiden!* Mit diesen Worten er das Wirken Jesu. „Ich bin der gute Hirte“, sagt Jesus später von sich selbst und wieder passt alles zusammen. Der Messias ist nicht der Herrscher, der mit Gewalt und Krieg gekommen ist, um Israel zu befreien, wie es die Menschen damals erwarteten, sondern der gute Hirte, der sein Leben lässt für seine Schafe, der sie sucht und jeden Einzelnen zu guter Weide führen möchte.

Wie die Hirten damals auf dem Felde, die unter Einsatz ihres Lebens die Herden vor wilden Tieren bewachten, so setzte Jesus Christus sein Leben dafür ein, uns von Schuld und Tod zu erlösen.
Er wird weiden, schreibt Micha und in seinen Worten klingt der Schafzüchter durch, der sehr genau weiß, was weiden bedeutet. Ein Hirte weiß, wo gutes Gras wächst, wo die Wasserstellen sind und er führt seine Tiere dorthin, wo alles zu finden ist, was sie brauchen.
Mir kommt der Psalm 23 in den Sinn: *Der Herr ist mein Hirte...*

Und die Hirten von den Feldern Bethlehems gehen und finden das Kind. Sie sehen und verstehen das Zeichen, das Gott ihnen gegeben hat. Sie kehren zurück und loben und preisen Gott. Sie sind begeistert und singen. Was aber werden sie gesungen haben?
„Uns ist heute der Heiland geboren!“ Das entspricht den Tatsachen, denn das hat der Engel ihnen verkündet und nicht dem lauten Bethlehem. Aber das klänge wie ein Protest gegen die geschäftige Welt. „Wir haben den Heiland! Wir sind die besseren! Uns gehört die Zukunft und nicht Euch!“ Der Engel hat es ihnen doch wörtlich gesagt: „Euch ist heute der Heiland geboren!“
Die Botschaft, welche die Hirten verkünden, muss anders lauten, denn sonst sind plötzlich die Mauern da, die Bethlehem heute teilen. Wir können und dürfen Gott nicht für uns vereinnahmen. Das baut Mauern auf, wo Gott sie doch einreißen will. Wir können und dürfen das Wort der Engel auch für uns persönlich in Anspruch nehmen: „Mir ist heute der Heiland geboren!“
Ja, Jesus Christus kam in die Welt um jeden Einzelnen von uns zu retten. Er kam für jeden von uns und wir dürfen diese Botschaft immer wieder neu hören.
Lukas schreibt: *Und die Hirten kehrten wieder um; priesen und lobten Gott für alles, was sie gehört und gesehen hatten, wie denn zu ihnen gesagt war. (Luk.2 V.20)*

Aber wenn wir die Botschaft weitersagen, dann können wir nur die Worte des Engels wiederholen: „Euch ist heute der Heiland geboren!“, verkünden die Engel den Hirten. Diese Botschaft werden die Hirten in ihren Lobgesängen gejubelt haben, ganz gleich ob sie in Bethlehem gehört wurde oder nicht. Nur in dieser Form kann sie verkündet werden.
„Glück ist das Einzige, was man verschenken kann, ohne es zu besitzen“, sagt ein Sprichwort.
Auch die wunderbare Botschaft des Engels kann nur dann weitergeben werden, wenn man nicht versucht, die Zusage zu besitzen. Wir dürfen die Zusage für uns hören und annehmen, aber dann müssen wir sie weitersagen „Euch ist heute der Heiland geboren!“

Und sie werden sicher wohnen; denn er wird zur selben Zeit herrlich werden, so weit die Welt ist. Und er wird der Friede sein, so verheißt Micha.
Am Ende steht Gottes Heil, verkündet Micha und dasselbe bezeugt auch der Evangelist Lukas. Sie beide geben weiter, was Gott ihnen gesagt hat.
Am Ende erfüllt Frieden und Freude die ganze Welt. Dann wird es keine trennenden Mauern mehr geben, dann wird die Botschaft von Bethlehem Frieden bewirken, wie es dem Propheten Micha von Gott zugesagt wurde.

Zeichen? Ja, Gott gibt uns Zeichen zur Weihnacht, doch keine, die wir mit dem Spaten nachweisen können. Keine Grabung wird uns jemals die Ereignisse der Heiligen Nacht bestätigen, aber der Heilige Geist, der unsere Herzen mit Freude und Frieden erfüllt. Die Griechen suchen Weisheit. Im Text kann man sie finden, denn alles fügt sich so wunderbar zusammen, wenn wir die Heilige Schrift lesen.
Moderne Menschen suchen konkrete Orte? Ein Dichter rät uns: „Bethlehem ist überall. Musst nur gehen, musst nur sehen.“
Bethlehem ist jetzt und hier.

Mir geschehe, wie du gesagt hast.

Lukas 1, 26 – 28

Und im sechsten Monat wurde der Erzengel Gabriel von Gott gesandt in eine Stadt in Galiläa, die heißt Nazareth zu einer Jungfrau, die vertraut war einem Mann mit Namen Josef vom Hause David und die Jungfrau hieß Maria. Der Engel kam zu ihr herein und sprach: Sei gegrüßt, du Begnadete! Der Herr ist mit dir! Sie aber erschrak über die Rede und dachte: Welch ein Gruß ist das? Und der Engel sprach zu ihr: Fürchte dich nicht, Maria, du hast Gnade bei Gott gefunden. Siehe, du wirst schwanger werden und einen Sohn gebären, und du sollst ihm den Namen Jesus geben. Der wird groß sein und Sohn des Höchsten genannt werden und Gott wird ihm den Thron seines Vaters David geben, und er wird König sein über das Haus Jakob in Ewigkeit und sein Reich wird kein Ende haben.

Da sprach Maria zu dem Engel: Wie soll das zugehen, da ich doch von keinem Manne weiß? Der Engel antwortete und sprach zu ihr: Der Heilige Geist wird über dich kommen und die Kraft des Höchsten wird dich überschatten; darum wird auch das Heilige, das geboren wird, Gottes Sohn genannt werden. Und siehe Elisabeth, deine Verwandte, ist auch schwanger mit einem Sohn, in ihrem Alter, und ist jetzt im sechsten Monat, von der man sagt, dass sie unfruchtbar sei. Denn bei Gott ist kein Ding unmöglich. Maria aber sprach: Siehe ich bin die Magd des Herrn; mir geschehe, wie du gesagt hast. Und der Engel schied von ihr.

Das ist für uns eine Erzählung, die unserem Verständnis ganz und gar widerspricht. Für uns moderne Menschen gibt es keine Götter, die Menschen besuchen, um Kinder mit ihnen zu haben. Zur der Zeit, als Lukas sein Evangelium schrieb, war niemand über diese Geschichte verwundert. Man kannte viele ähnliche Geschichten. Ganz bedeutende Männer leiteten damals ihre Abstammung von den Göttern ab. Kaiser und Könige empfanden sich als

Söhne der Götter und selbstverständlich wurden Geschichten erzählt, die das auch glaubhaft machten.
Für uns ist die Geschichte bekannt und doch sehr fremd. Viele Maler haben die Verkündigung des Engels gemalt und oft genug auf Goldgrund dargestellt. So wirkt die Begebenheit weltentrückt und in den Bereich des Glaubens gestellt. Gott hat mit Maria von Nazareth einen Sohn. Jesus Christus ist der Sohn Gottes, bekennen wir es in unserem Glaubensbekenntnis.

Maria war eine ganz besondere junge Frau, die Gott auserwählt hatte, seinen Sohn zur Welt zu bringen. Marias Geburt wurde ihren Eltern, Anna und Joachim, verheißen, denn sie betete um ein Kind und mussten lange warten. Joachim, ihr Vater, war Priester. Maria wurde als Kind im Tempel erzogen und lebte und diente bis zu ihrem vierzehnten Lebensjahr im Tempel zu Jerusalem. Sie war nicht irgendeine junge Frau, sondern eine Frau, die ihre ganze Jugend im Dienste Gottes verbracht hatte.
Mit vierzehn wurde sie erwachsen und konnte nach der damaligen Regel nicht mehr im Tempel bleiben. Um sie zu schützten, wurde sie mit Josef, einem hochgeachteten Witwer, verlobt.
Maria war eine Kostbarkeit. So wurde sie von der Priesterschaft auch behandelt. Man wusste um die besondere Bedeutung dieser jungen Frau.
Mit Josef kam sie nach Nazareth, in die kleine Stadt in Galiläa, und lebte in der Obhut des Zimmermannes.
Dort in Nazareth geschah die Begebenheit, von der wir im Predigttext gehört haben.
Es ist eine ganz besondere Geschichte, die uns Lukas berichtet. Sie ist so zart erzählt, dass ich nur wenige Gedanken herausnehmen möchte, die mir für uns heute Morgen wichtig erscheinen. Die Geschichte soll so bleiben, wie sie ist: eine Aussage des Glaubens,
auf Goldgrund gemalt.

Lukas erzählt, das der Erzengel Gabriel zu Maria kam. Gabriel gehört nach der jüdischen Tradition zu den engsten Vertrauten Gottes. Er ist einer der Engelfürsten, ein Erzengel. Ein ganz persönlicher Vertrauter Gottes überbringt Maria die Botschaft von der Geburt Jesu.

Der Engel kam zu ihr herein und sprach: Sei gegrüßt, du Begnadete! Der Herr ist mit dir!, erzählt Lukas. Maria erschrickt über die Anrede, denn eine solche steht ihr nicht zu.

„Du Begnadete", sagt Gabriel. *„Du hast Gnade vor Gott gefunden.* Gott wendet sich dir ganz persönlich zu!"

Uns sind Hierarchien und Standesunterschiede in der antiken Gesellschaft nicht mehr so vertraut, wie den Menschen früher. Es war zu Luthers Zeiten eine Gnade bei einem Fürsten vorgelassen zu werden. Ehrfürchtig näherte man sich der hochgestellten Persönlichkeit, schaute zu Boden und wagte erst zu sprechen, wenn man gefragt wurde. So etwas kennen wir in unserer demokratischen Gesellschaftsordnung nicht mehr.

Maria hatte zwar jahrelang im Tempel Dienst versehen, aber sie stand ganz unten in der Hierarchie der Tempeldiener. Mit großer Achtung sah sie die Priester am Altar den Dienst versehen. Ganz sicher ergriff sie Ehrfurcht, wenn sie sah, wie Zacharias, ihr Onkel, einmal im Jahr in das Allerheiligste gehen durfte, um das Volk zu entsühnen. Er betete vor Gott und fand Gnade und Sündenvergebung für das ganze Volk. Das war ein ganz großer und heiliger Augenblick.

Und nun spricht der Engel sie an wie eine ganz hochgestellte Person: *Du, Begnadete!*

Lassen wir das Wort für einen Augenblick in uns nachklingen.

Auch uns wird in der Liturgie des Gottesdienstes gesagt:

„Hört den Spruch der Gnade und der Vergebung!“, sagt der Liturg und dann verliest er den Gnadenspruch für den Sonntag.
Das ist ein ganz heiliger Augenblick im Gottesdienst. Es ist gut, wenn wir uns das einmal klar machen. Uns wird die Gnade Gottes zugesprochen. Gott sagt uns in diesem Spruch: „Du darfst zu mir kommen. Du darfst dich nähern. Du wirst so akzeptiert, wie du bist. Ich vergebe dir, was gewesen ist. Du bist mein Sohn/ meine Tochter. Rede mit mir. Sage mir, was ich für dich tun soll. Erzähle mir, wo der Schuh drückt. Ich habe immer Zeit für dich!“
Das ist gemeint. Wir dürfen uns als Begnadigte empfinden. Immer wieder erfahren wir im Leben, dass wir den Ansprüchen Gottes nicht gerecht werden können, aber trotzdem nimmt uns Gott als seine Kinder an.

Für Maria klingt mehr mit. Sie spürt, dass sich etwas ganz Besonderes vorbereitet.
Sie aber erschrak über die Rede und dachte: Welch ein Gruß ist das? Und der Engel sprach zu ihr: Fürchte dich nicht, Maria, du hast Gnade bei Gott gefunden.
Engel sagen stets: „Fürchte dich nicht!“ Denn wir Menschen erschrecken, wenn uns das Göttliche gegenübertritt. Wir spüren die Größe der Begegnung und tiefes Entsetzen überfällt die Menschen, denen das geschieht. Der Zuspruch der Engel soll diese Furcht abmildern. „Ich tue dir nichts! Ich komme als Freund!“, soll das heißen. Es ist wie eine ausgestreckte Hand zur Begrüßung, die das Gleiche aussagt. „Ich habe keine Waffe in der Hand. Ich gebe mich in deine Hand! Ich komme als Freund.“
Ob das hilft? Vielleicht ein wenig.

Erst nach dem Gruß sagt der Engel: Fürchte dich nicht! Vielleicht weil er weiß, wie sehr Maria im Umgang mit dem Heiligen vertraut ist. Aber bei der Anrede erschrickt sie doch, denn sie spürt, dass etwas ganz großes auf sie zukommt.

Was der Engel nun ausspricht, kennt Maria aus vielen Schriftlesungen und Auslegungen. Seit Jahrhunderten lesen die Priester den Text aus dem Jesaja Buch von dem Reis aus dem Hause Davids (Jes.11) und von der Jungfrau, die einen Sohn gebären wird (Jes. 7, V. 14). Jetzt erfährt sie von Gabriel, dass sie diese Jungfrau aus dem Hause Davids ist, die den Messias zur Welt bringen soll. Ich kann mir denken, dass Ehrfurcht und Freude, ja große Freude in ihr hochsteigen. Die sehnlichst erwartete Erfüllung der Verheißung soll Wirklichkeit werden! Unglaublich, aber wahr!

Und was ist das für eine Verheißung?

Siehe, du wirst schwanger werden und einen Sohn gebären, und du sollst ihm den Namen Jesus geben.

Ganz ähnlich klingen die Worte, die Gott einst zu dem Propheten Jesaja gesprochen hat. All die vielen Andeutungen über den Messias sind hier in einer ganz deutlichen Botschaft zusammengefasst.

Gott selber lässt durch seinen Boten ausrichten, dass der Messias auf die Erde kommen wird. Er wird in einer Frau heranwachsen und geboren werden wie jeder andere Mensch auch. Als Mensch und unser Bruder wird er auf der Erde leben.

Der Evangelist Lukas bestätigt hier schon ganz zu Beginn seines Evangeliums, dass Jesus Christus Gottes Sohn ist. Die Verheißung aus dem Alten Testament ist wahr geworden.

Das dürfen wir hören und diese Worte sollen unseren Glauben stärken.

Viel deutlicher und persönlicher geht die Botschaft an das junge Mädchen: *Du wirst schwanger werden.*

Maria hat sicher nicht gleich geantwortet, aber dann reagiert sie ganz als Frau. Sie fragt nach, denn sie ist in das Geschehen eingebunden. Sie ist ein Teil davon.

Da sprach Maria zu dem Engel: Wie soll das zugehen, da ich doch von keinem Manne weiß?
Maria weiß um das Geheimnis von Zeugung und Geburt, denn sie lebt in einem bäuerlichen Umfeld und da gehört beides zum Alltag. Aber sie ist behütet und geschützt. Deshalb hat man sie Josef anvertraut.
Auch wenn es heute unpopulär ist, die Menschen damals wussten, wie schützenswert eine Jungfrau ist, denn ein junges Mädchen ist eine Kostbarkeit. Sie wird wahrscheinlich einmal die Mutter von Kindern sein. Das ist eine große Verantwortung, auf die man sich vorbereiten muss..
Maria ist eine junge Frau aus dem Hause David, von königlichem Geblüt, bestens erzogen und behütet. Damit ist sie vorbereitet, die heilige Aufgabe zu übernehmen, den Messias zur Welt zu bringen.

Wir erleben es in unseren Tagen wieder, wie junge Frauen und Männer sich qualifizieren müssen, um in ein Königshaus hineinheiraten zu können. Das Fernsehen und die Regenbogenpresse beobachten sehr genau die Liebesgeschichten in den Königshäusern. Ich denke an Schweden und den jungen Trainer Daniel von Prinzessin Viktoria von Schweden. Ich denke aber auch an die Kate Middleton, die Prinz William, den Thronfolger von England, geheiratet hat. Beide haben sich für ihre große Aufgabe qualifizieren müssen. Wer nicht einen untadeligen Ruf hat, der kann in solchen Kreisen nicht verkehren. Das sollte man immer bedenken. Wir wollen uns qualifizieren, einmal mit Gott zu leben und mit Jesus Christus zu Tisch zu sitzen. Das sind wahrhaft höchste Kreise, in denen wir leben wollen. Das geht nicht, wenn man sich nicht qualifiziert hat.

Was dann folgt, ist ein ganz persönliches Gespräch.
Denn bei Gott ist kein Ding unmöglich, antwortet Gabriel zu Maria und führt als Beispiel die Spätschwangerschaft ihrer Tante Elisabeth an. Maria akzeptiert die

Erklärung, denn sie weiß auch, dass sie selber einst ihren Eltern von Gott verheißen wurde, und trotzdem bewundere ich die junge Frau für ihren Mut.
Wie oft fragen wir uns: Wie kann das sein? Gott kann mir nicht helfen. Es ist alles nur ein Traum. Es geschieht doch nichts, was mir hilft. Fragen über Fragen beschäftigen uns.
In unsere Fragen hinein sagt der Engel Gabriel: *Bei Gott ist kein Ding unmöglich!*
Das ist ein Trostwort, das auch uns heute gilt. Ganz gleich, in welcher Situation wir stecken und wie aussichtslos alles aussieht. Gott hat uns nicht verlassen!
Wie oft haben die Israeliten im Jesaja- Buch gelesen und sich an dessen Verheißungen festgehalten: Einmal wird es geschehen, dass der Erlöser kommt.

Lukas berichtet, dass die Zusage Gottes Wahrheit wurde. In Jesus Christus kam Gott auf die Erde. Maria wurde in das Geschehen einbezogen. Sie hatte den Mut „Ja" zu ihrer Aufgabe zu sagen und den Messias zur Welt zu bringen.
Jede Schwangerschaft ist ein großes Wunder und ich bewundere alle Frauen und Mütter, die den Mut haben, Kinder zu haben und großzuziehen. Es ist eine riesige Aufgabe, aber es gibt nichts Schöneres und Besseres, als das zu tun.
Alle Mütter sind Mitschöpfer im Heilsplan Gottes.

Maria aber sprach: Siehe ich bin die Magd des Herrn; mir geschehe, wie du gesagt hast.
Darin ist Maria uns allen ein großes Vorbild. Sie sagt Ja zum Willen Gottes! Sie verweigert sich nicht, auch wenn es sicher schwer werden wird. Bedenken wir, dass Unkeuschheit in Israel ein schweres Verbrachen war. Maria weiß, dass es viele Prüfungen und Fragen geben wird, aber sie vertraut darauf, dass Gott mit ihr ist und sie sich bei ihm geborgen wissen darf.

Typisch evangelisch!

Matthäus 10 V. 26b - 33

Es ist nichts verborgen, was nicht offenbar wird, und nichts geheim, was man nicht wissen wird. Was ich euch sage in der Finsternis, das redet im Licht, und was euch gesagt wird in das Ohr, das predigt auf den Dächern.

Und fürchtet euch nicht vor denen, die den Leib töten, doch die Seele nicht töten können, fürchtet euch viel mehr vor dem, der Leib und Seele verderben kann in der Hölle. Kauft man nicht zwei Sperlinge für einen Groschen? Dennoch fällt keiner von ihnen auf die Erde ohne euren Vater. Nun aber sind auch eure Haare auf dem Haupte gezählt. Darum fürchtet euch nicht, ihr seid besser als viele Sperlinge.

Wer mich bekennt vor den Menschen, den will ich auch bekennen vor meinem himmlischen Vater. Wer mich aber verleugnet vor den Menschen, den will auch ich verleugnen vor meinem himmlischen Vater.

Was ist typisch evangelisch? Die Aussage dieses Textes! Ich meine besonders diesen Teil:

Kauft man nicht zwei Sperlinge für einen Groschen? Dennoch fällt keiner von ihnen auf die Erde ohne euren Vater. Nun aber sind auch eure Haare auf dem Haupte gezählt. Darum fürchtet euch nicht, ihr seid besser als viele Sperlinge.

Gemeint ist doch: Du ganz persönlich bist Gott wichtig. Er hält dich in seiner Hand, wie er sich um jedes Wesen seiner Schöpfung kümmert. Gott sieht dich! Ja, dich, in dem ganzen Getümmel auf dieser Erde. Spatzen flogen damals überall in Scharen herum, wie wir das nicht mehr kennen. Man aß sie auch, wie man ja auch heute noch in Italien Singvögel brät. Da sie so leicht zu fangen waren, waren sie sehr billig. Deshalb wählt Jesus gerade diese Vögel als Beispiel.

„Seht euch doch um“, sagt er zu seinen Jüngern. „Es sind so viele Spatzen da. Wen kümmert es, wenn einer fehlt? Gott kümmert das! Er sagt ja zu dem

Schicksal jedes Einzelnen. Darum fürchtet euch nicht, Ihr seid mehr wert als die Sperlinge."

Dann sieht er seine Jünger an. Nicht jeder von ihnen hat noch einen vollen Haarschopf wie Johannes, der Jüngste. Ich kann mir denken, dass ein Lächeln über sein Gesicht flog, als er sagte: *„Auch Eure Haare auf dem Kopf sind gezählt!"* Wie viele Haare haben wir auf dem Kopf? Man kann sie kaum zählen und manchmal fallen sie auch aus. Ist das nicht ganz gleich? Nein, spätestens wenn das Haar dünn wird, dann ist das nicht mehr egal.

Auch so wirst du von Gott geliebt, bestätigt Jesus seinen Jüngern. Es ist ganz gleich, wie du dich veränderst, wenn du älter wirst. Gott liebt dich so wie du bist. Er hat dich so gewollt.

Vor Jahren nahmen wir an einem Autorentreffen vom Brunnenverlag teil. Dort war ein Moderator, der auf der Grundlage seines Glaubens Menschen half, wieder zu sich selbst zu finden. Es war herrlich lustig anzusehen, wie er uns Mut machte. Ich kann ihn nicht so treffend nachahmen, aber vielleicht verstehen Sie auch so.

Er sagte: „Wenn Sie morgens ins Badezimmer gehen, dann stellen Sie sich vor den Spiegel und sagen: Ich bin ein Kind Gottes. Gott hat mich so gewollt. Er hat mich so geschaffen, wie ich bin. Whow!" Und dann heben Sie stolz die Arme und erkennen Sie, wie gut Sie aussehen, geradeso wie Sie sind!

Das, liebe Gemeinde, ist typisch evangelisch: Die Entdeckung, dass Gott eine ganz persönliche Beziehung zu uns Menschen haben will, dass er möchte, dass wir fühlen, dass wir von Gott geliebt sind, dass er uns führen und leiten und Kraft gibt für den Tag. Wir sind Gott nicht gleichgültig! Jeder von uns ist als Person etwas wert. Jeder Einzelne ist ein geliebtes Kind Gottes!

Aber Kraft bekommen wir nur, wenn wir die Zusage annehmen und sie so wahr werden kann.

Martin Luther wäre fast an der Frage: „Wie finde ich einen gnädigen Gott?“ zerbrochen. Er legte sich immer härtere Prüfungen auf und spürte doch, dass er noch immer nicht vor Gott bestehen konnte. Da las er im Römerbrief die berühmte Stelle:

So halten wir nun dafür, dass der Mensch gerecht wird ohne des Gesetzes Werke allein durch den Glauben. (Röm. 3 V. 29

Und er erkannte: Ich werde von Gott so angenommen, wie ich bin! Er liebt mich. Gott hält mich in seiner Hand. Ich muss das nur für mich in Anspruch nehmen. Ich muss Ja sagen zu Gottes Liebe, dann wird alles ganz anders. Diese neue Sichtweise war eine ungeheure Befreiung für ihn. Er wusste sich von Gott geliebt. Diese Botschaft wollte er weitergeben. Auf der Grundlage dieser Erfahrung entwickelte er seine 95 Thesen, die er vielleicht an der Schlosskirche anschlug, die aber auch gedruckt und durch Boten an die bekanntesten Universitäten gesandt wurden. Modern gesagt: Er stellte sein neues Wissen ins Internet! Martin Luther wollte das Gespräch über seine befreiende Erkenntnis, dass zwischen dem Menschen und Gott nichts Trennendes steht, keine Kirche, keine Fürsten und vor allem kein Papst. Der persönliche Glaube an Jesus Christus ist gefordert und nichts anders müssen wir vor Gott bringen!

Das war sein Bekenntnis!

Diese Gedanken waren damals eine Revolution, besser gesagt eine Reformation, eine Neubesinnung auf das, was Paulus in seinen Briefen so eindringlich formuliert hatte. In der Entwicklung der Kirche war eine mächtige Hierarchie entstanden. Sie feierte sich selbst und die einfachen Menschen waren unwichtig geworden. Fürsten und Herrscher nahmen sich wichtig und das Volk war nur dazu da, ihnen zu dienen.

Das ist nichts Ungewöhnliches. So etwas geschieht immer wieder. Wir müssen nur an die Bankenkrisen denken, bei denen es um Milliarden geht. Die Reichen werden immer reicher und die Banken werden gerettet, aber die einfachen Leute bekommen zu wenig Unterstützung und teure Kredite. Man will den Euro retten, aber was ist mit den Millionen von Menschen, die weltweit unter die Armutsgrenze rutschen? Werden sie noch wahrgenommen? Die Bilder, die wir im Fernsehen sehen, ob aus Griechenland, Italien oder Spanien.

Zu Luthers Zeit herrschte der junge Kaiser Karl V über ein Weltreich, das sich über zwei Kontinente erstreckte, so dass „die Sonne seinem Reich nicht unterging." Große Teile Südamerikas gehörten zum Kaiserreich. Vor dem Reichstag zu Worms, vor den versammelten deutschen Fürsten und vor dem Kaiser, bekannte sich Martin Luther furchtlos zu seinen Thesen und zu Jesus Christus.

Unser Text spricht das so schön aus:

Und fürchtet euch nicht vor denen, die den Leib töten, doch die Seele nicht töten können, fürchtet euch viel mehr vor dem, der Leib und Seele verderben kann in der Hölle.

Martin Luther kannte das Risiko, das er einging. Viele bedeutende Männer und Frauen waren für ihr mutiges Eintreten für den Glauben gestorben. Auf dem Konzil zu Konstanz hatte Johannes Huss aus Böhmen das Evangelium von der Liebe Gottes zu jedem einzelnen Menschen bezeugt. Man hatte ihm freies Geleit zugesagt, aber er war trotzdem auf dem Scheiterhaufen verbrannt worden. Auch Luther hatte man freies Geleit zugesagt und seine Freunde rieten ihm dringend davon ab, nach Worms zu gehen. Aber Luther hielt sich an das Wort aus der Bibel:

Wer mich bekennt vor den Menschen, den will ich auch bekennen vor meinem himmlischen Vater. Wer mich aber verleugnet vor den Menschen, den will auch ich verleugnen vor meinem himmlischen Vater.

Deshalb ging er nach Worms und erklärte seine persönliche Erfahrung und Erkenntnis, die ich mit eigenen Worte so wiedergeben möchte:

„Ich bin ein Kind Gottes. Ich bin durch Jesus Christus erlöst! Ich muss nichts vor Gott bringen als meinen Glauben. Allein durch den Glauben bin ich erlöst.

Zwischen Gott und mir besteht eine persönliche Beziehung. Ich bin ihm wichtig und ich darf mich als von ihm geliebt empfinden!"

Luthers Thesen werden gern mit den vier „Soli", d.h. „allein durch" zusammengefasst: Allein durch den Glauben. Allein durch die Gnade. Allein durch das Wort. Allein durch Jesus Christus!

Das war sehr gewagt, denn er stellte damit die Autorität des Papstes und die Verwaltung der Gnadenmittel durch die Kirche in Frage. Er betonte, dass jeder Mensch ein wichtiges Wesen sei. Wie gesagt: jeder Mensch und nicht nur der Fürst!

Das brachte Manches zum Einsturz. Kaiser Karl V. hat es sich nie verziehen, dass er den Mönch Martin Luther gehen ließ. Damals brach die Einheit der Christenheit auseinander. Nicht nur durch Martin Luther, denn zu jener Zeit standen viele Männer und Frauen auf und bezeugten, dass Jesus Christus für jeden Menschen gestorben und auferstanden war. Ich möchte hier nur an Johannes Calvin und Ulrich Zwingli aus der Schweiz erinnern, welche die reformierte Kirche begründeten.

Luther, Calvin oder auch Zwingli übersetzten die Bibel, damit die Menschen selber das Evangelium Jesu Christi lesen könnten. Die Folge davon war, dass die Aussagen der Schrift ganz unterschiedlich verstanden wurde. Nicht nur die lutherische Kirche und die reformierte Kirche entstanden und trennten sich von der katholischen Kirche, sondern auch eine große Zahl kleiner Kirchen, die unter dem Begriff „Wiedertäufer" zusammengefasst werden. Viele der heutigen evangelischen Kirchen haben ihre Wurzeln in der Reformationszeit.

Für uns moderne Menschen ist es wichtig, zu akzeptieren und zu verstehen, dass wir alle den gleichen Gott verehren. Toleranz und gegenseitige Achtung sind wichtige Forderungen unserer heutigen Gesellschaft, sowohl in der Ökumene, als auch anderen Religionen gegenüber.

Gleich wohl ist es aber ganz wichtig, dass wir unseren eigenen Glauben kennen und wissen, auf welcher Grundlage wir selber stehen.

Die Badische Landeskirche ist uniert. Diese Kirche“ entstand aus der lutherischen und der reformierten Kirche. In Preußen trafen Lutheraner und Reformierte aufeinander, denn Friedrich der Große holte Siedler aus den Niederlanden und aus der Schweiz in sein Land. Diese Menschen brachten ihre Religion mit. Die Folge war ein heftiger Streit zwischen den beiden evangelischen Kirchen!

Friedrich IV von Preußen befahl den streitenden Kirchen sich zu einigen. Theologen aus beiden Kirchen suchten und fanden Gemeinsamkeiten beider Konfessionen und so wurde die „preußisch unierte Kirche“ gegründet.

Da Preußen und Baden in ihrer Geschichte viele Gemeinsamkeiten haben, gehört auch die badische Landeskirche dazu.

In der unierten Kirche sind die besonderen Botschaften beider Richtungen wichtig:

Martin Luther erkannte die große Bedeutung der persönlichen Beziehung zu Gott. Er nannte sie die „Freiheit des Christenmenschen“. Das heißt: Ich muss niemanden fürchten als Gott allein. Ich muss mich vor niemandem rechtfertigen als vor ihm. Gott soll ich meine Fehler bekennen und er kann mich davon freisprechen. Deshalb sprechen wir am Beginn jedes Gottesdienstes das Bußgebet und erhalten im Gnadenspruch den Zuspruch der Sündenvergebung. Luther fand die befreiende Botschaft im Neuen Testament und vor allem in den Paulusbriefen.

Johannes Calvin hatte einen völlig anderen Ansatz. Ihm war das Alte Testament wichtig. Er wollte, dass sich die Gemeinde Jesu Christi als Nachfolger des Gottesvolkes Israel begreift. Israel war einst auf der Wanderschaft ins gelobte Land. Calvin sah die christliche Gemeinde als Volk Gottes auf der Wanderschaft

in die ewige Heimat. Gerade die Schweizer, die Niederländer oder auch die Amerikaner verstanden seine Botschaft besonders gut, denn viele Menschen waren auf der Suche nach einer neuen Heimat. In Deutschland bekam das Bild des „wandernden Gottesvolkes“ eine ganz aktuelle Bedeutung, als im zweiten Weltkrieg so viele Menschen ihre Heimat verloren hatten und auf der Wanderschaft waren. Die Kirche der Nachkriegszeit verstand sich so. Viele Kirchenbauten aus dieser Zeit zeigen das. Ich denke z. B. an die Kirche in Gengenbach, das Hermann Maas Zentrum. Die Kirche wurde bewusst als Zelt aus Beton gebaut. Vorn über dem Altar sind Zelte als Wanddekoration angebracht, welche die Wanderschaft verdeutlichen sollen. Auch, wenn Sie sich in unserer Zeller Kirche umschauen, sehen Sie auch die Zeltform angedeutet. Wir sind gemeinsam auf dem Weg in die himmlische Heimat, wollen uns die Gebäude sagen.
„Gemeinsam sind wir unterwegs in die himmlische Heimat“, sagt Calvin. „Das ist richtig, aber trotzdem kommt es auf jeden Einzelnen und seine Beziehung zu Gott an“, so sieht es Luther. Beide haben so recht. Wir folgen gemeinsam unserem Herrn Jesus Christus, aber wie Schafe ihrem Hirten. Jedes Schaf kennt die Stimme seines Herrn und hört auf ihn. Nur so hält die Herde zusammen, auch wenn das oft anders aussieht. Die Schafe folgen nicht blind ihrem Hirten, sondern jedes einzelne entscheidet sich dafür.

Die Worte, die im Bibeltext stehen, gibt Jesus Christus seinen Jüngern mit auf den Weg, als er sie entlässt, damit sie sein Evangelium den Menschen verkünden. Sie gelten aber auch den jungen Gemeinden der frühen Christenheit und genauso uns heute. Jesus will seine Jünger auf etwas vorbereiten, das auf sie zukommen wird. Seine Worte können und dürfen von jeder Zeit anders verstanden werden, denn sie sind zeitlos.
Wenn ich den folgenden Text lese, kommen mir viele Gedanken in den Sinn:

Es ist nichts verborgen, was nicht offenbar wird, und nichts geheim, was man nicht wissen wird.

Ist das nicht gerade heute so? Durch das Internet und die modernen Medien wird alles in die Öffentlichkeit gezerrt. Vieles wird aufgedeckt, was andere lieber verborgen hielten. Die Revolutionen im Nahen Osten hätten ohne das Internet vielleicht nie stattgefunden.

Bei uns gibt es eine neue Partei, die Piraten. Sie will die Menschen mehr in die Entscheidungen mit einbeziehen, indem sie den Bürgern über das Internet mehr Einsicht in die politischen Entscheidungen gewährt. Vielleicht gibt es dann mehr Demokratie von der Basis her.

Ich möchte auf zwei Aufträge, die Jesus seinen Jüngern gibt, eingehen:

Was ich euch sage in der Finsternis, das redet im Licht, und was euch gesagt wird in das Ohr, das predigt auf den Dächern.

Es ist wichtig, sich zu seinem Glauben zu bekennen. Unser Glaube und unsere Predigten sind nicht geheim. Alle unsere Gottesdienste sind öffentlich und jedermann zugänglich. Es ist wichtig, dass wir unseren Glauben bekennen, dass wir dazu stehen und darüber sprechen, jedoch ohne uns jemandem aufzudrängen.

Wir können unseren Glauben frei bekennen und müssen nicht fürchten, deshalb verfolgt zu werden.

Viel schwieriger ist der zweite Teil des Textes:

Und fürchtet euch nicht vor denen, die den Leib töten, doch die Seele nicht töten können, fürchtet euch viel mehr vor dem, der Leib und Seele verderben kann in der Hölle.

Stehen wir nicht gerade heute in einer schwierigen Zeit?

So viele Informationen stürmen auf uns und vor allen Dingen auf die jungen Leute ein, dass es schwierig für sie ist Gutes und Schlechtes zu unterscheiden.

Es wäre völlig falsch dem Internet und den modernen Medien zu vertrauen. Sie bieten großartige Möglichkeiten, beinhalten aber auch große Gefahren. Ich kann nur Jörg Pilawa unterstützen, der immer wieder die Eltern auffordert, sich mit ihren Kindern gemeinsam den neuen Medien zu stellen. „Das tue ich mir nicht mehr an…“ Das geht in der modernen Gesellschaft nicht! Mehr als je zuvor müssen wir schauen, wohin wir gehen, persönlich, als Familie aber auch als Gemeinde. Unsere moderne Welt kann Leib und Seele verderben. Viele junge Menschen verlieren sich auf dem Weg in die Zukunft. Wie leicht kann man den falschen Versprechungen nachlaufen.

Mehr als je zuvor müssen wir gerade als evangelische Christen auf das achten, was den Männern und Frauen der Reformation wichtig war:
Unsere persönliche Beziehung zu Gott steht immer wieder auf dem Prüfstand. Wir werden vom täglichen Leben gefragt, wie wir zu Gott stehen. Wohl dem, der dann wie Martin Luther sagen kann: „Hier stehe ich! Ich kann nicht anders. Gott helfe mir. Amen“

Als Gemeinde sind wir herausgefordert, immer wieder zu prüfen, wohin unsere Wanderung führt. Sind wir noch auf dem richtigen Weg? Sind wir als Volk Gottes auf der Wanderschaft? Verstehe ich meinen Banknachbarn oder die Nachbarin als meinen Bruder und meine Schwester, die mir wichtig sind? Die Zukunft unserer Kirche wird davon abhängen, dass wir unseren Auftrag, die Botschaft Jesu Christi zu verkünden, ernstnehmen.

Bibelstellen

Speisung der Fünftausend

Luk. 9 V. 10 – 17

Sei einfach Mensch

Mark. 1 V. 40 – 45

Klare Worte

Jer.7 V. 1 – 11

Geh hin in Frieden

Luk. 7 V. 36 – 50

Allein durch den Glauben

Röm. 5 V. 1 – 5

Meine Söhne geb ich nicht

1.Mos. 22 V. 1 – 18

Ihr sollt nachfolgen seinen Fußstapfen

1.Petr. 2 V. 21 . 25

Man – hu? Was ist denn das?

2.Mos. 16 V. 2 – 3 und 11 - 18

Ein Brief an Paulus

Röm. 14 V. 10 – 13

Begegnung nach einer erfolglosen Nacht

Joh. 21 V. 1 - 14

Martha und Maria

Luk. 10 V. 38 – 42

Sehen muss man lernen

Mark. 8 V. 22 – 26

Rechts oder links

Matth. 6 V. 1 – 4

Mit dem Spaten in die Weihnacht?

Micha 5 V. 1 – 4a

Mir geschehe, wie du gesagt hast

Luk. 1 V. 26 – 28

Typisch evangelisch

Matth. 10 V. 26b - 31

Printed by Books on Demand GmbH, Norderstedt / Germany